스쿠스쿠 すくすく 日本語 회화 ③

초판　　1쇄　발행　2009년 10월 29일, 2009년 11월 20일
개정판　1쇄　인쇄　2021년　2월 19일
개정판　1쇄　발행　2021년　3월　1일
개정판　5쇄　발행　2024년　1월 19일

지 은 이 | 히가시노 사토미(東野さとみ), 나카지마 코키(中島 滉樹)
펴 낸 이 | 박경실
펴 낸 곳 | **PAGODA Books** 파고다북스
출판등록 | 2005년 5월 27일 제 300-2005-90호
주　　소 | 06614 서울특별시 서초구 강남대로 419, 19층(서초동, 파고다타워)
전　　화 | (02) 6940-4070
팩　　스 | (02) 536-0660
홈페이지 | www.pagodabook.com

저작권자 | ⓒ 2021 파고다북스

이 책의 저작권은 출판사에 있습니다. 서면에 의한 저작권자와 출판사의 허락 없이
내용의 일부 혹은 전부를 인용 및 복제하거나 발췌하는 것을 금합니다.

Copyright ⓒ 2021 by **PAGODA Books**

All rights reserved. No part of this publication may be reproduced, stored
in a retrieval system, or transmitted, in any form, or by any means, electronic,
mechanical, photocopying, recording or otherwise, without the prior written
permission of the copyright holder and the publisher.

ISBN 978-89-6281-865-9 (13730)

파고다북스　　　www.pagodabook.com
파고다 어학원　　www.pagoda21.com
파고다 인강　　　www.pagodastar.com
테스트 클리닉　　www.testclinic.com

▍낙장 및 파본은 구매처에서 교환해 드립니다.

일본어가 쑥쑥 자라는

스쿠스쿠

すくすく

히가시노 사토미・나카지마 코키 저

日本語
회화 ③

PAGODA Books

머리말

本書はすくすく会話3の改訂版であり、中級レベルの方に向けて作られた本です。既に会話でよく使われる文法や語彙を習得し、短い文章ではあるが話せる方が次のステップに行くために。または、ある程度日本語が話せるが、会話の練習が必要な方のために作られています。

前半のＡの部分はフリートーキングの練習ができるように構成されています。よく話題に上るテーマを中心に、そのテーマについて自分自身の経験、意見を話す練習ができます。スムーズにフリートーキングができるように、資料としてイラストや写真、またその下に関連語彙があります。

後半のＢの部分はロールプレイの練習できる構成になっています。ロールプレイのお手本になる会話文が二つあります。それを参考にしながらロールプレイができるようになっています。ロールプレイはみなさんが日本に行った際に必要になるテーマを考え、作りました。そして長文の日本語に慣れるために読解もつけました。

最後になりますが、このような機会をくださったパゴダ教育グループのパクギョンシル会長、コルダ代表、パゴダSCSの方々、パゴダ関係者の方々、監修してくださった各校舎の先生方に心から感謝を申し上げます。また、本書を作ることができたのは、カンナム校の同僚たちと私の授業を受けてくださった学生さんたちのお陰だと思っております。ありがとうございます。

東野さとみ

이 책은 〈스쿠스쿠 일본어 회화 3〉의 개정판으로, 중급레벨의 학습자분들을 위해 만들어진 책입니다. 이미 회화에서 자주 사용되는 문법과 어휘를 습득하고, 짧은 문장이나마 말할 수 있는 분이 다음 단계로 가기 위해. 또는, 어느 정도 일본어를 말할 수 있지만, 회화 연습이 필요한 분들을 위해 만들었습니다.

전반부인 A 파트는 프리토킹 연습을 할 수 있도록 구성하였습니다. 자주 화제에 오르는 테마를 중심으로 그 테마에 대해 자기 자신의 경험, 의견을 말하는 연습이 가능합니다. 유창하게 프리토킹을 할 수 있도록, 자료로 일러스트와 사진, 그리고 그 아래 관련 어휘를 제시했습니다.

후반부의 B 파트는 롤플레이 연습이 가능한 구성으로 되어 있습니다. 롤플레이의 예시가 되는 회화문이 두 개가 있습니다. 그것을 참고하면서 롤플레이가 가능하도록 구성하였습니다. 롤플레이는 여러분이 일본에 갔을 때 필요한 테마를 고려하여 만들었습니다. 그리고 장문의 일본어에 익숙해지도록 독해도 수록하였습니다.

마지막으로, 이러한 기회를 주신 파고다 교육그룹의 박경실 회장님, 고루다 대표님, 파고다SCS의 직원분들, 파고다 관계자분들, 감수해주신 각 분원의 선생님들께 진심으로 감사 말씀드립니다. 또, 이 책이 나올 수 있었던 것은 파고다 강남학원 동료들과 제 수업을 들어준 학생들 덕분이라고 생각합니다. 감사합니다.

히가시노 사토미

「すくすく日本語会話1」「すくすく日本語会話2」と学習を続けてきた皆さんは、いよいよ「すくすく日本語会話3」に挑戦です。

「すくすく日本語会話1」「すくすく日本語会話2」では、基礎的な日本語会話を勉強しました。

この「すくすく日本語会話3」では、JLPTN3程度の難しい文法を学びます。

「すくすく日本語会話3」からは学習の期間が長くなります。そろそろスランプが始まる時期かもしれません。

そんな皆さんにより楽しく日本語を学んでもらえるよう「すくすく日本語会話3」では今までの教科書にはない新しいアクティビティなどを追加しています。学んでこなかった文化や習慣などに新しく触れることができます。

日本で有名な格言で「継続は力なり」という言葉があります。

今は結果が出なくても諦めず続けていれば、必ず報われ成功する時が来るという意味です。

日本語の学習も同じです。

上手になるためには、やめたくなったり、休みたくなったりしたとしても継続することがとても重要です。

しかし、楽しく日本語が学べなければ、継続することは難しいです。

この教科書を通じて日本語の学習が楽しく継続するお手伝いができればと思います。

最後に、パクギョンシル会長をはじめWit&Wisdom出版の皆様、編集の過程においてご協力くださったPAGODA Jan の先生方、本書の出版にあたりご尽力をくださった全ての皆様に心から感謝いたします。

中島 滉樹

〈스쿠스쿠 일본어 회화 1〉〈스쿠스쿠 일본어 회화 2〉와 학습을 계속해온 여러분, 드디어 〈스쿠스쿠 일본어 회화 3〉으로의 도전입니다.

〈스쿠스쿠 일본어 회화 1〉〈스쿠스쿠 일본어 회화 2〉에서는 기초적인 일본어 회화를 공부했습니다.

이 책 〈스쿠스쿠 일본어 회화 3〉에서는 JLPT N3 정도의 어려운 문법을 배울 것입니다.

〈스쿠스쿠 일본어 회화 3〉부터는 학습 기간이 길어집니다. 슬슬 슬럼프가 시작되는 시기일지도 모릅니다.

그런 여러분에게 보다 즐겁게 일본어를 공부할 수 있도록 〈스쿠스쿠 일본어 회화 3〉에서는 지금까지의 교과서에는 없는 새로운 액티비티 등을 추가하였습니다. 배워보지 못했던 문화와 관습 등을 새롭게 접할 수 있을 것입니다.

일본의 유명한 격언으로 '계속하면 힘이 된다' 라는 말이 있습니다.

지금은 결과가 나오지 않더라도 포기하지 않고 계속하면, 반드시 보답을 받아 성공하는 때가 온다는 의미입니다.

일본어 학습도 같습니다.

능숙해지기 위해서는 그만두고 싶어지거나 쉬고 싶어지거나 하더라도 계속하는 것이 매우 중요합니다.

하지만, 일본어를 즐겁게 배울 수 없다면 지속하는 것은 어렵습니다.

이 교과서를 통해서 일본어 학습을 즐겁게 이어가는 데 도움이 된다면 좋겠습니다.

마지막으로, 박경실 회장님을 비롯해 위트앤위즈덤 출판사 여러분, 편집 과정에 있어서 도움을 주신 파고다 일본어 선생님들, 이 책의 출판에 있어서 힘써 주신 모든 여러분들께 진심으로 감사드립니다.

나카지마 코키

일러두기 A

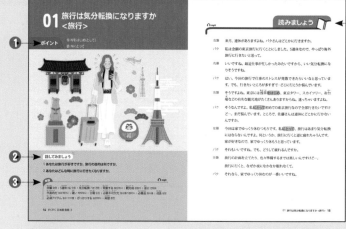

❶ ポイント

각 과에서 배울 주요 문형입니다. 실제 회화에서
필요로 하는 유용한 문형을 각 과에서 2개씩
제시하였습니다.

❷ 話してみましょう

Warming Up 회화입니다. 주제에 대해 먼저 이야기해
보고 어떤 이야기들이 나올지 미리 알아두어 학습
집중도를 높입니다.

❸ 単語

각 과에서 나오는 중요한 단어를
예습합니다. 한자의 '読み方'를 미리
익혀두어 본학습을 더욱 효율적으로 할 수
있도록 도와드립니다.

❹ 読みましょう

프리토킹을 위한 예문입니다. 주제별로
등장인물들의 이야기를 읽고, 듣고, 따라
말해보며 어떤 식으로 회화를 전개해
나가는지 학습합니다.

❺ チェックポイント

회화에서 요긴하게 사용되는 문형을 소개합니다.
다양한 예문을 통해 이해한 후, 해당 문형을 이용하여
문장을 직접 만들어 봅니다.

❻ フリートーキング

이제 학습자가 직접 이야기를 해볼 차례입니다.
풍부한 이미지 자료와 함께 설문 조사, 칼럼, Interview
등의 형식으로 이야깃거리가 수록되어 있습니다.
어떻게 시작해야 할지 몰랐던 프리토킹, 이제 다양한
읽을거리와 볼거리를 활용해 연습해 보세요.

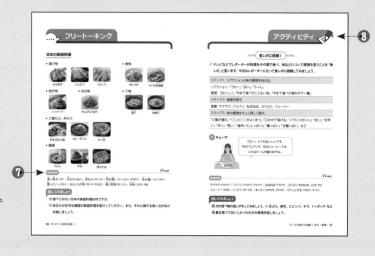

❼ 関連語彙

프리토킹에서 활용할 수 있도록 주제와 관련한 추가
어휘를 제시하였습니다. 어휘력을 더욱 확장하여
자신만의 이야기로 문장을 만들어 보세요.

❽ アクティビティ

롤플레잉, 리포트 등의 보다 다양한 활동을 진행할 수
있도록 구성하였습니다. 예시를 참고하여 자신만의
이야기를 만들고 말해 보세요.

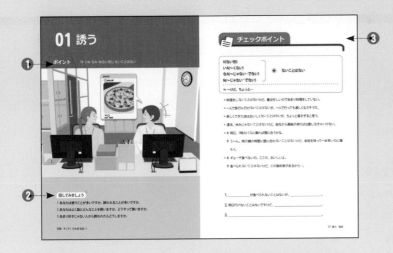

❶ ポイント

각 과에서 배울 주요 문형입니다. 실제 회화에서 필요로 하는 유용한 문형을 각 과에서 1개씩 제시하였습니다.

❷ 話してみましょう

Warming Up 회화입니다. 주제에 대해 먼저 이야기해 보고 어떤 이야기들이 나올지 미리 알아두어 학습 집중도를 높입니다.

❸ チェックポイント

회화에서 요긴하게 사용되는 문형을 소개합니다. 다양한 예문을 통해 이해한 후, 해당 문형을 이용하여 문장을 직접 만들어 봅니다.

❹ 会話A·B

프리토킹을 위한 예시 회화문입니다. 각각의 소 주제별로 등장인물들의 이야기를 읽고, 듣고, 따라서 해 보며 어떤 식으로 이야기를 전개해 나가는지 학습합니다.

❺ 表現A·B

회화문에 등장하는 주요 표현을 정리하였습니다. 지문에서 학습했던 내용 중 회화에서 자주 등장하는 핵심 표현들을 골라 다양한 예문과 함께 연습해보며 익힐 수 있도록 하였습니다.

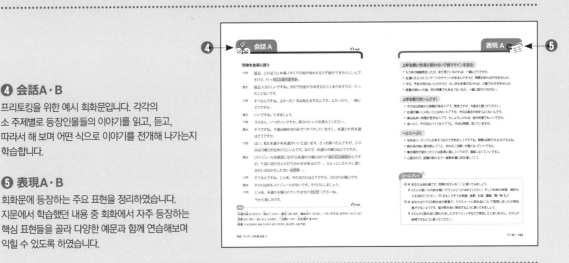

❻ 読解

보다 긴 장문의 일본어에도 익숙해질 수 있도록 수록했습니다. 여러 가지 재미있는 소재를 다룬 독해 지문을 통해, 어휘력을 한층 높이고 토론 및 발표에 필요한 독해 능력을 향상시켜 보세요.

❼ 練習問題·フリートーキング

독해 지문을 제대로 이해했는지 확인해볼 수 있는 간단한 퀴즈와, 프리토킹 주제가 제시됩니다. 자유롭게 자신의 생각을 이야기해 봅시다.

목차 A

01 旅行は気分転換になりますか **＜旅行＞** 14
～をはじめ(として)、～にとって
・日本の旅行スポット / 海外の観光地 / 旅行でのエピソード

02 挑戦してみたい趣味は何ですか **＜趣味＞** 20
～によって、～といっても
・あなたの趣味は？ / 理想的な休日の過ごし方 / 大人の習い事

03 さび抜きでお願いします **＜食事＞** 26
～たびに、～抜きで
・全国のグルメマップ / 日本の家庭料理 / 食レポに挑戦！

04 買ってよかったものは？ **＜買い物＞** 32
～ついでに、～かわりに
・買ってよかったもの、買って後悔したもの / 衝動買い！ / 買う前に… / ロールプレイ

05 学生時代は優等生じゃなかったです **＜子供～学生時代＞** 38
～につれて、～たものだ
・子供の頃、学生時代に遊んだ場所 / 子供の頃のお小遣いの使い道 / 学生時代の思い出 / 校則

06 どうしてその仕事を選びましたか **＜勉強と仕事＞** 44
～おかげで、～せいで
・得意な教科、苦手な教科 / 試験のエピソード / 仕事の条件 / いろいろな資格

07 見た目と性格どっちが大事？ **＜見た目・性格＞** 50
～ふりをする、～わりに(は)
・見た目(顔) / 見た目(体) / 性格

★ 원어민 음성 MP3 및 해석 자료는 www.pagodabook.com에서 무료로 다운로드 가능합니다.

08 健康が一番です ＜健康＞　　56
〜くらい(ぐらい)、〜そうになる
・ストレス / 健康 / 健康に関するウワサ

09 一目惚れをしたことがありますか ＜恋愛＞　　62
たとえ〜ても、〜さえ〜
・どんなタイプの異性が好き·嫌い？ / 一目惚れしやすいタイプ診断 / 恋愛での失敗 / 告白の言葉

10 台詞に感動しました ＜ドラマと映画＞　　68
〜をきっかけに/がきっかけで、〜うちに、〜ないうちに
・ドラマのジャンル / 映画のジャンル / どこで映画を見る？

11 どんなことを検索しますか ＜ケータイとインターネット＞　　74
〜通り(に)、〜しか〜ない
・ケータイの機能 / 新しいケータイを買うなら… / ケータイのマナー / ケータイがなかったら…

12 イライラすることが多い ＜喜怒哀楽＞　　80
〜てたまらない、〜くせに
・喜怒哀楽を表す表現 (1)〜(2) / 感情が豊かな人の特徴とは？

13 夏と言えばお祭り ＜四季＞　　86
〜と言えば、〜からといって〜わけではない
・日本の四季ー春 / 日本の四季ー夏 / 日本の四季ー秋·冬

14 正月は一大イベント ＜文化＞　　92
〜かと思った、〜なんて
・一大イベント「正月」 / 日本の結婚式 / 日本の伝統的な行事

목차 B

01 誘う 〜ないことはない　　100

同僚を食事に誘う… 上手な誘い方、上手な断り方、〜とく/〜どく

気になっている人を映画に誘う… 〜させてください、気を使う、遠慮なく/遠慮せず

02 問い合わせる 〜しかない　　106

観光案内所で… お聞きする/お伺いする/お尋ねする、〜ですと、〜には

電話で予約をする… 〜てもよろしいでしょうか、〜は結構です。＋α、予約時の会話

03 依頼する 〜はともかく(として)　　112

バイトを代わってもらう… どうしても〜そうに(も)ない、気に関する表現、〜たら助かる

仕事について教えてもらう… 〜てもらう/〜ていただく、〜ことになっている/〜ことにしている、

目を使った表現

04 褒める 〜とたん(に)　　118

見えるものを褒める… 褒める＜見た目＞、褒められた後は謙遜する、謙遜しながら

過程や結果を褒める… リアクションをする、褒める＜過程・結果＞、〜のは〜時だった

05 相談する 〜ものなら　　124

仕事の悩みを相談する… 〜て〜(期間)、どうしたら〜か、〜てみたらどうですか、

慰める時の表現

父の日のプレゼント… 〜なんか、〜てくれてありがとうございます、

相談に乗ってもらいたい時に使う表現

06 苦情、クレームを言う 〜限り　　130

ネットショッピングでのクレーム… 大変申し訳ございません/〜て申し訳ない、

〜させていただく、苦情やクレーム関連の単語

ホテルのフロントへ苦情… 苦情を言う時に使う表現、音・声・におい・香り・味がする、

こんな〜

★ 원어민 음성 MP3 및 해석 자료는 www.pagodabook.com에서 무료로 다운로드 가능합니다.

07 **希望を言う** 〜どころか　136
不動産屋で部屋を探す… 〜に比べて、〜にしては、部屋探しに使う単語
美容院で希望の髪型を話す… 各部分の単語、注文時に使う表現と髪型の種類、〜ぐらい

08 **伝える** 〜次第　142
バイトを辞めたいと店長に伝える… 伝える前に使う表現、〜ってことですか/〜ということですか/
〜という意味ですか、できれば
会社での伝言… 〜でして/〜まして、よく使われるビジネス敬語、伝聞表現のまとめ

09 **謝る** 〜以上(は)　148
友達に謝る… 〜よね、確かに〜はず
ビジネスでの謝罪… ビジネスでの挨拶表現、〜と思うんですが(だけど)、謝った後の言葉

10 **説明する(状況・状態)** 〜っぽい　154
忘れ物カウンターで説明する… 〜ような気がする、よく使う単位、旅行中のトラブル
病状を説明する… 病状とケガの単語、〜て〜ぐらい

11 **説明する(順序)** 〜やら〜やら　160
料理の作り方… まず・その間に・その後・最後に、料理の単語
乗り換えの場所を聞く… 〜なら、道案内に使う言葉

12 **友達言葉** 〜っけ　166
近況報告… 〜じゃん、文法の縮約形、〜んだ
飲み会で… 女言葉と男言葉の友達言葉、〜よ・〜ね、〜んだって(伝聞)

読解　**1** 「**おむすびころりん**」 接続詞、〜ずに　172
2 「**日本の不思議**」 〜を通して、〜なあ　176

すくすく 日本語 회화 3

パート

A

01 旅行は気分転換になりますか
<旅行>

ポイント

1 Nをはじめ(として)

2 Nにとって

話してみましょう

1 あなたは旅行が好きですか。旅行の目的は何ですか。

2 あなたはどんな時に旅行に行きたくなりますか。

単語　　　　　　　　　　　　　　　　　　　　　　　　　🎧 mp3

念願(ねんがん) 염원 | 5連休(れんきゅう) 5일 연휴 | 気分転換(きぶんてんかん) 기분 전환 | 発散(はっさん)する 발산하다 | 観光地(かんこうち) 관광지 | 逆(ぎゃく)に 반대로

代表的(だいひょうてき)だ 대표적이다 | 硬(かた)い 딱딱하다 | 立場(たちば) 입장 | 必要不可欠(ひつようふかけつ)だ 필수불가결이다 | 必需品(ひつじゅひん) 필수품 | 成長(せいちょう) 성장

必須(ひっす)アイテム 필수 아이템 | がっかりする 실망하다 | 両替(りょうがえ) 환전

🎧mp3

佐藤　来月、連休がありますよね。パクさんはどこかに行きますか。

パク　私は念願の東京旅行に行くことにしました。5連休なので、やっぱり海外旅行に行きたいと思って。

佐藤　いいですね。最近仕事が忙しかったみたいですから、いい気分転換になりそうですね。

パク　はい。今回の旅行で仕事のストレスが発散できたらいいなと思っています。でも、行きたいところが多すぎて…どこに行こうか悩んでいます。

佐藤　そうですよね。東京には浅草をはじめ、東京タワー、スカイツリー、お台場などの有名な観光地がたくさんありますからね。迷っちゃいますよね。

パク　そうなんですよ。私にとって初めての東京旅行なので全部行きたいですけど…。まだ悩んでいます。ところで、佐藤さんは連休にどこかに行かないんですか。

佐藤　今回は家でゆっくり休むつもりです。私にとって、旅行はあまり気分転換にはならないんですよ。何というか、旅行に行くと逆に疲れちゃうんです。家が好きなので、家でゆっくり休もうと思っています。

パク　それもいいですね。でも、どうして疲れるんですか。

佐藤　旅行の計画を立てたり、色々準備するまでは楽しいんですけど…。

　　　旅行に行くと、なぜか夜になかなか眠れなくて。

パク　それなら、家でゆっくり休むのが一番いいですね。

チェックポイント

1 N ＋ をはじめ(として)

≒ Nが代表的で、他にもいろいろある(少し硬い表現)

- 韓国には景福宮_{キョンボックン}をはじめ、昌徳宮_{チャンドックン}や宗廟_{チョンミョ}などの有名な観光地がある。

- 彼はカナダをはじめ、オーストラリア、イタリア、フランスへ一人旅に行ったことがある。

- 日本ではチヂミをはじめ、サムゲタン、サムギョプサルなどの韓国料理が食べられている。

- 明日の会議には社長をはじめ、多くの社員が出席する予定だ。

1. _____ には _____ をはじめ、名曲がたくさんある。

2. 韓国では _____ をはじめ、_____。

2 N ＋ にとって

≒ ○○の立場から見ると

- 外国人にとって、漢字の勉強はとても難しいと思う。

- 植物にとっても人にとっても、水は必要不可欠なものである。

- ケータイは現代人にとって、必需品である。

- 子供にとって遊ぶことは、子供の成長にとても大事なことだ。

1. 私にとって、_____は旅行をする時の必須アイテムです。

2. 大人にとって、_____は難しいことです。

日本の旅行スポット

道後温泉

富士急ハイランド

ユニバーサルスタジオ

厳島神社

白川郷

- 温泉地 箱根(神奈川)、草津(群馬)、別府・湯布院(大分)、登別(北海道)、道後(愛媛)

- テーマパーク ユニバーサルスタジオジャパン(大阪)、東京ディズニーリゾート(千葉)、富士急
  ハイランド(山梨)

- 文化遺産 厳島神社(広島)、姫路城(兵庫)、富士山(静岡・山梨)、白川郷(岐阜)

🎧 mp3

関連語彙

特産物 특산물 | 神社 신사 | 寺 절 | 周辺 주변 | 電車 전철 | 新幹線 신칸센 | 特急電車 특급 열차
フェリー 페리 | 船 배 | 高速バス 고속버스 | 国内旅行 국내 여행 | レンタカー 렌터카

話してみましょう

❶ 日本に行ったことがありますか。

　ある → どこに行って何をしましたか。 / ない → 日本の中で行きたいところがありますか。

❷ どんなお土産を買いましたか。

フリートーキング

海外の観光地

タージマハル

ゴールドコースト

サントリーニ島

万里の長城

セントラルパーク

エッフェル塔

- タージマハル(インド)
- 万里の長城(中国)
- アンコールワット(カンボジア)
- ゴールドコースト(オーストラリア)
- セントラルパーク(アメリカ)
- ナイアガラの滝(アメリカ、カナダ)
- マチュピチュ(ペルー)
- ビックベン(イギリス)
- サントリーニ島(ギリシャ)
- エッフェル塔(フランス)
- サクラダファミリア(スペイン)
- ピラミッドとスフィンクス(エジプト)

関連語彙　🎧 mp3

治安 치안 | すり 소매치기 | 世界遺産 세계 유산 | 飛行時間 비행시간 | ビザ 비자 | 移民 이민 | 宗教 종교
ホテル 호텔 | ビジネスホテル 비즈니스호텔 | カプセルホテル 캡슐 호텔 | 旅館 여관 | 民宿 민박
ユースホステル 유스호스텔 | ペンション 펜션 | コンドミニアム 콘도미니엄 | 宿泊 숙박

話してみましょう

❶ 海外旅行に行ったことがありますか。

　　ある → どこに行って何をしましたか。/ ない → 行きたいところがありますか。

❷ 行ってよかった旅行地、行ってがっかりした旅行地について話しましょう。

旅行でのエピソード

- 初めて一人で海外旅行に行くことにしました。いろいろ不安で準備をたくさんしました。ホテル、飛行機、ツアーの予約など。もちろん、両替もしておきました。でも、旅行先に着いてかばんを見たら、両替したお金がなかったんです。現金を少し持っていて助かりましたけど、あの時は本当に焦りました。

- 友達10人で沖縄旅行に行きました。楽しかったですけど、約束の時間を守らない友達がいてケンカになりました。旅行に行って仲が悪くなってしまって残念でした。グループで旅行に行くのは難しいと思いました。

- 主人は行き当たりばったりで旅行をするのが好きで、一緒に旅行に行くと宿泊や食事で悩んだり…。旅先ではよくケンカもしますが、それでも楽しんでいます。

🎧 mp3

関連語彙

日帰り旅行 (ひがえ りょこう) 당일치기 여행 | 行き当たりばったり (い あ) 무계획 여행 | 個人旅行 (こじんりょこう) 자유 여행 | 団体旅行 (だんたいりょこう) 단체 여행
パッケージツアー 패키지여행 | 修学旅行 (しゅうがくりょこう) 수학여행 | 避暑地 (ひしょち) 피서지 | リゾート地 (ち) 리조트지 | 免税店 (めんぜいてん) 면세점
荷物検査 (にもつけんさ) 수하물 검사 | チップ 팁 | 時差 (じさ) 시차 | バックパック 백팩

話してみましょう

① 旅行でのエピソードについて話しましょう。

例) 感動したこと、驚いたこと、トラブルに遭ったこと など

② おすすめしたい国内旅行先や海外旅行先がありますか。

02 挑戦してみたい趣味は何ですか

<趣味>

ポイント

1 Nによって

2 「V・いA・なA(普通形)、Nだ」といっても

話してみましょう

1 あなたの趣味は何ですか。

2 最近、韓国で人気の趣味は何ですか。

単語 🎧 mp3

普段 평소 ｜ あちこち 여기저기 ｜ スノボ 스노보드(스노보드의 준말) ｜ アクティブ 활동적, 적극적

ピアノ教室 피아노 학원 ｜ うらやましい 부럽다 ｜ 習い事 배우는(익히는) 것 ｜ 初心者 초보자 ｜ 言語 언어

文字 문자 ｜ 異なる 다르다 ｜ 気候 기후 ｜ 左右される 좌우되다 ｜ 塾 학원 ｜ 映画鑑賞 영화 감상

絵画 회화(그림) ｜ 自分磨き 자기 계발, 자신의 매력을 높이기 위해 하는 노력

かよさん	まみさんは普段、週末に何をしていますか。
まみさん	今は春なので花見に行ったり、カメラを持ってあちこち散歩したりしています。
かよさん	季節によって過ごし方が違うんですか。
まみさん	ええ、違いますよ。夏には海に行ったり、キャンプに行ったりします。秋には紅葉を見に行ったり、冬にはスノボをしたりしますよ。
かよさん	まみさんって、ずいぶんアクティブなんですね。
まみさん	家にいるより、外出するのが好きです。かよさんは普段、週末に何をしていますか。
かよさん	私は最近ピアノ教室に通っています。
まみさん	すごい！ ピアノが弾けるんですね。楽器ができる人ってうらやましいです。
かよさん	いえ、そんなことないですよ。 ピアノを習っているといっても、教室に通い始めてまだ3カ月なので。
まみさん	そうなんですね。そういえば、最近K-popダンスの教室で体験レッスンを受けたんですけど、とても楽しかったですよ。
かよさん	ここ最近、人気の習い事ですよね。そこに通えば韓国アイドルのダンスが踊れるようになるし、いいですね。
まみさん	じゃあ、一緒に通いませんか。一緒に通った方がもっと楽しいですよ。それに、初心者が習いやすいように簡単に教えてくれますよ。
かよさん	そうなんですか。じゃあ、一度体験授業を受けてみようかな。

1　N ＋ によって

≒ Nが違えば、それぞれ違う、異なる、決まる、変わる

- 日本語を勉強している目的は人によって違う。
- 国によって使う言語や文字が異なる。
- 桜が咲く時期はその年の気候によって左右される。
- この店は曜日によってランチメニューが変わる。

1. ＿＿＿＿＿＿＿＿＿＿＿＿＿＿＿＿＿ は人によって、それぞれ違う。

2. 季節によって、＿＿＿＿＿＿＿＿＿＿＿＿＿＿＿＿＿＿＿＿＿。

2

V(普通形)
いA(普通形)
なA(普通形)
Nだ

＋　といっても

≒ ～だ、でも…

- 寝坊したといっても、顔も洗わずに会社に来るのはひどいと思う。
- 部屋が狭いといっても、ベッドもソファーも置けるので満足している。
- 簡単だといっても、一日でマスターできるダンスじゃない。
- 明日から夏休みだといっても、毎日塾に通わなければならない。

1. ＿＿＿＿＿＿＿＿＿を習ったことがあるといっても、＿＿＿＿＿＿＿＿＿。

2. ＿＿＿＿＿＿＿＿＿＿＿ といっても、＿＿＿＿＿＿＿＿＿ほどじゃない。

あなたの趣味は？

☑ スポーツ・アウトドア系

| スポーツジム | ゴルフ | スキー | 社交ダンス | キャンプ | 山登り |

☑ インドア系

| 音楽鑑賞 | 映画鑑賞 | 絵画 | 読書 | ゲーム | 料理 |

🎧 mp3

関連語彙

マリンスポーツ 해양 스포츠 | サーフィン 서핑 | ヨット 요트 | ピラティス 필라테스 | ヨガ 요가 | 剣道(けんどう) 검도
柔道(じゅうどう) 유도 | 生け花(いけばな) 꽃꽂이 | 書道(しょどう) 서예 | 陶芸(とうげい) 도예 | ネイルアート 네일 아트 | 囲碁(いご) 바둑 | 将棋(しょうぎ) 장기
お菓子作り(かしづくり) 과자 만들기 | パン作り(づくり) 빵 만들기, 베이킹 | バイオリン 바이올린 | 三日坊主(みっかぼうず) 작심삼일

話してみましょう

❶ あなたのこれまでの趣味の中で長く続いたもの、長く続かなかったものについて話しましょう。

❷ 今後、挑戦してみたい趣味は何ですか。

フリートーキング

理想的な休日の過ごし方

- **一人で** 　　　自分磨きをしたいです。美容院に行ったり、エステに行ったり、勉強をしたり、自分のために時間を使いたいです。普段忙しくてなかなかできないことをしたいです。

- **友達と一緒に**　みんなで一緒に遊園地に行って遊びたいです。乗り物に乗るために長い列に並んでも、友達と一緒なら話しながら待てます。待ち時間も楽しいし、思いっきり遊べるのがいいと思います。

- **彼氏、彼女と一緒に**　家で一緒に料理を作って食べたいです。料理は一人で作るより一緒に作った方が楽しいし、料理を失敗しても恋人が一緒なら楽しく感じると思います。

- **家族と一緒に**　みんなで一緒にどこかに行くのは難しいですけど、時々は家族みんなで温泉にでも行きたいです。近くにある温泉に入って、おいしいものを食べて、ゆっくり休みたいです。

関連語彙　　　　　　　　　　　　　　　　　　　　　　　　　　　　🎧 **mp3**

食べ歩き 맛집 탐방, 맛있는 요리를 여기저기 먹으러 찾아다님 ｜ 美術館巡り 미술관 탐방 ｜ 公演 공연 ｜ 動画 동영상
ネイルサロン 네일 샵 ｜ ショッピングモール 쇼핑몰 ｜ マンガ喫茶 만화 카페 ｜ 社会人サークル 직장인 동호회

話してみましょう

❶ 普段、休日は何をしていますか。

❷ あなたの理想的な週末の過ごし方を教えてください。

　（一人で、友達と一緒に、彼氏・彼女と一緒に、家族と一緒に…の場合）

フリートーキング

大人の習い事

☑ **これまでに習ったことがある習い事**

スポーツ・フィットネス	水泳
英会話などの外国語の勉強	ヨガ
ゴルフ	書道・ペン字
陶芸	ダンス
格闘技	バレエ
パソコン	スキューバダイビング
テニス	料理
ギター	マナー教室
ピアノ	歌

陶芸　　　　　　テニス　　　　　　ピアノ　　　　　　書道

関連語彙 🎧 mp3

舞踊 무용 | 合気道 합기도 | 空手 가라테 | 水彩画 수채화 | 油絵 유화 | ボルダリング 볼더링(암벽 등반)
フラワーアレンジメント 꽃 장식(꽃꽂이) | 刺繍 십자수 | 手芸 수예 | おりがみ 종이접기 | そろばん 주판

話してみましょう

❶ 今、どんな習い事をしていますか。また、過去にどんな習い事をしましたか。

❷ おすすめしたい習い事、おすすめしたくない習い事は何ですか。

❸ 習い事のいいところは何だと思いますか。

03 さび抜きでお願いします
<食事>

ポイント
1 「V(基本形)、Nの」たびに
2 N抜きで

話してみましょう

1 あなたが好きな料理、好きじゃない料理は何ですか。

2 どこでよく食事をしますか。行きつけの店がありますか。

単語 🎧 mp3

行きつけ 단골 | ネタ 재료 | マグロ 참치(다랑어) | イカ 오징어 | エビ 새우 | サーモン 연어 | ヒラメ 광어
一皿 한 접시 | さび抜き (초밥에서) 고추냉이를 뺀 것 | からし 겨자 | 土地 그 고장 | 除く 제거하다, 빼다
気楽に 마음 편히, 부담 없이 | グルメ 미식(가), 식도락(가) | 地域 지역 | 家庭料理 가정 요리, 가정식 | 感想 감상
甘辛い 매콤달콤하다 | 酸っぱい 시다, 시큼하다 | 甘酸っぱい 새콤달콤하다

山田	キムさんは寿司が好きですか。
	よかったら今日は寿司を食べに行きませんか。
キム	いいですね。私も寿司が大好きです。
山田	この近くに、私の行きつけの寿司屋があるんです。

<すし屋で>

店長	いらっしゃいませ。何名様ですか。
山田	二人です。
店長	二名様ですね。こちらへどうぞ。
山田	キムさんはどんなネタが好きですか。
キム	私はマグロが好きです。すし屋に来るたびにマグロを注文します。
	山田さんは、どんなネタが好きですか。
山田	イカ、エビ、サーモン、マグロそれから…。全部好きです。
	あの、すみません。今日のお勧めは何ですか。
店長	今日は新鮮なイカとヒラメが入りましたので、こちらがお勧めです。
山田	じゃあ、とりあえずイカとヒラメを二皿ずつ。それからマグロも二皿お願いします。
キム	すみません、実はわさびが苦手なので…。
山田	じゃあ、一皿はさび抜きでお願いします。
店長	はい、かしこまりました。一皿はさび抜きで。
山田	わさびが苦手なんですね。
キム	はい。唐辛子やからしは大丈夫なんですけど、わさびは食べられないんです。
店長	お待たせいたしました。イカ二皿でございます。
山田	じゃあ、食べましょうか。いただきます。

1

V(基本形)
Nの
+ たびに

≒ ～するといつも

- 私の家族は旅行に行く**たびに**ケンカをしてしまう。

- 大人になった今でも注射を打たれる**たびに**痛くて泣く。

- 父は海外出張の**たびに**その土地で有名なものを買ってきてくれる。

- 引越しの**たびに**家具や荷物が減っていく。

1. ＿＿＿＿＿＿＿＿＿＿＿＿に会うたびに、＿＿＿＿＿＿＿＿＿＿＿。

2. ＿＿＿＿＿＿＿＿＿＿＿＿＿＿たびに、もっと頑張ろうと思う。

2

N **+** 抜きで

≒ Nは除いて、～を入れないで

- すみませんが、ハンバーガーはピクルス**抜きで**お願いします。

- こんなに大事なことを社長**抜きで**決めることはできない。

- 飲み会では仕事の話**抜きで**気楽に楽しみましょう。

- 息子の就職について、本人**抜きで**話しても意味がない。

1. ＿＿＿＿＿＿＿は ＿＿＿＿＿＿＿＿＿＿抜きで作ってください。

2. 私は ＿＿＿＿＿＿ 抜きで、＿＿＿＿＿＿＿＿＿＿＿＿＿。

全国のグルメマップ

香川 讃岐うどん
秋田 きりたんぽ鍋
北海道 ジンギスカン
岩手 わんこそば
広島 広島風お好み焼き
宮城 牛タン
福岡 もつ鍋
東京 江戸前寿司
佐賀 イカ料理
静岡 うなぎ料理
沖縄 沖縄そば
大阪 たこやき
京都 京料理
愛知 ひつまぶし

話してみましょう

❶ 上の料理の中で食べたことがあるものがありますか。

❷ 韓国では、地域ごとにどんな食べ物が有名ですか。

フリートーキング

日本の家庭料理

- 揚げ物

からあげ

とんかつ

コロッケ

- 煮物

肉じゃが

サバの味噌煮

- 焼き物

ハンバーグ

- 炒め物

きんぴらごぼう

- 汁物

豚汁

味噌汁

- ご飯もの、丼もの

炊き込みご飯

カレーライス

かつ丼

- 麺類

うどん

そば

焼きそば

🎧 **mp3**

関連語彙

蒸し物 찜 요리 ｜ 生もの 날음식 ｜ 串もの 꼬치 요리 ｜ 味が薄い 맛이 싱겁다, 담백하다 ｜ 味が濃い 맛이 진하다
脂っこい 느끼하다 ｜ おふくろの味 어머니의 맛(집밥) ｜ 郷土料理 향토 요리 ｜ 名物 (고장의) 명물

話してみましょう

❶ 食べてみたい日本の家庭料理は何ですか。

❷ あなたが好きな韓国の家庭料理を紹介してください。また、それに関する思い出があれ
   ば話しましょう。

アクティビティ

||||||| 食レポに挑戦！ |||||||

❖ テレビなどでレポーターが料理をその場で食べ、味などについて感想を言うことを「食レポ」と言います。今日はレポーターになって食レポに挑戦してみましょう。

ステップ1　リアクションと味の感想を伝える。
リアクション：「うわー」「お〜」「う〜ん」
感想：「おいしい」「今まで食べたことない味」「今まで食べた物の中で一番」
ステップ2　食感を話す。
食感：サクサク、パリパリ、ねばねば、ぷりぷり、ジューシー
ステップ3　味の感想をもっと詳しく話す。
「ご飯が進む」「○○と○○がよく合う」「口の中で溶ける」「バランスがいい」「甘い」「甘辛い」「辛い」「苦い」「塩辛い(しょっぱい)」「酸っぱい」「甘酸っぱい」など

例 ギョーザ

> うわ〜。とてもおいしいです。
> 外がパリパリで、中はジューシーです。
> これはビールが進みますね。

🎧 mp3

関連語彙

サクサク 바삭바삭 | パリパリ 파삭파삭, 아삭아삭 | ねばねば 끈적끈적 | ぷりぷり 탱글탱글함, 싱싱한 모양
ジューシー 촉촉함 | こってり 맛이 진함 | あっさり 담백하게, 산뜻하게 | ぴりっとする 아릿하다, 톡 쏘다

話してみましょう

❶ 次の食べ物の食レポをしてみましょう。→ 天ぷら、寿司、ビビンバ、チゲ、トッポッキ など

❷ 最近食べておいしかったものの感想を話しましょう。

04 買ってよかったものは？
<買い物>

ポイント

1 「V(基本形・た形)、Nの」ついでに
2 「V・いA(基本形)、なA(〜な)、Nの」かわりに

話してみましょう

1 あなたは買い物が好きですか。
2 <オフライン> 買い物する時によく行く店を教えてください。
　<オンライン> よく利用するサイトを教えてください。

単語　🎧 mp3

〜用 ~용 | 夏物 여름옷, 여름 용품 | 商品 상품 | 楽だ 편하다 | ストライプ柄 줄무늬 | 試着 시착, 입어봄

ウエスト 허리 | きつい 꼭 끼다 | ピッタリ 딱, 착(틈이 없이 꼭 들어맞는 모양) | 販売 판매

ドラッグストア 드러그스토어 | 交通の便 교통편 | 中毒 중독 | 家賃 집세 | コスパがいい 가성비가 좋다

衝動買い 충동구매 | 免税店 면세점 | 事前に 사전에, 미리

<デパートで>

店員　いらっしゃいませ。何かお探しのものはございますか。

客　　仕事用のズボンが欲しいんですけど。もうすぐ夏なので夏物を探しています。

店員　こちらはどうでしょうか。とても人気がある商品ですよ。長時間座っていても楽なズボンです。

客　　それはいいですね。それに通気性がよくて涼しそうですね。

　　　色は何色がありますか。

店員　黒、グレー、ベージュ、そしてストライプ柄がございます。

客　　う～ん。迷うなあ。ベージュを試着してもいいですか。

店員　もちろんです。あちらが試着室です。

～ 試着後 ～

客　　ちょっとウエストがきついんですけど、一つ上のサイズがありますか。

店員　かしこまりました。こちらが一つ上のサイズになります。

客　　これならピッタリです。じゃあ、さっきのものの かわりに、こっちのサイズでお願いします。

店員　とてもお似合いです。ではこちらのサイズで。

客　　さっき見たんですけどこの商品は冬物もありますよね。

　　　ついでに、冬物も買っておきたいんですが。同じ色のものがありますか。

店員　はい、販売しております。ではこちらの夏物1点と、冬物1点ですね。

客　　はい、お願いします。

チェックポイント

1

V(基本形・た形)
Nの ⎤ ＋ ついでに

≒ メインのことをするときに、一緒に…もする

- 日本へ旅行に行くついでに、日本に住んでいる友達に会うつもりだ。
- 見送りのために空港まで来たついでに、空港で食事をした。
- 買い物のついでにドラッグストアに行ってトイレットペーパーを買う。
- A コンビニに行くなら、ついでに何か飲み物を買ってきて。

  B 分かった。何が飲みたいの。

1. ＿＿＿＿＿＿＿＿＿＿＿＿に行くついでに、＿＿＿＿＿＿＿＿＿＿＿＿を買う。

2. ＿＿＿＿＿＿＿＿＿＿ついでに、＿＿＿＿＿＿＿＿＿＿＿＿てください。

2

V(基本形)
いA(基本形)
なA(〜な)
Nの ⎤ ＋ かわりに

≒ Vないで他のことをする、〜けど反面、Nじゃなくて他の物

- 最近はテレビを見るかわりに、ネットで動画を見る人が多くなってきた。
- この国は交通の便がよくて移動がしやすいかわりに、交通費が少し高い。
- 携帯電話は便利なかわりに、中毒になっている人も少なくないようだ。
- メモ帳のかわりに、スマホにメモしたいことを残しておく。

1. ここは＿＿＿＿＿＿＿＿＿＿＿＿かわりに、家賃がちょっと高い。

2. ＿＿＿＿＿＿＿＿＿＿のかわりに、＿＿＿＿＿＿＿＿＿＿＿。

買ってよかったもの、買って後悔したもの

✅ よかったもの

車	バスで出勤するので必要ないと思っていたけど、車があると遠出ができて、自分の行動範囲も広がるので、もっと早く買えばよかったと思う。
コーヒーマシーン	値段が高いので買おうか悩んだが、インスタントよりおいしいから満足している。最近はコスパがいいマシーンも多いのでおすすめ。
デジカメ	友達に勧められて買ったけどケータイより夜景がきれいに撮れるし、遠くのものもよく撮れる。買ってよかったと思っている。

✅ 後悔したもの

服	セール中で半額だったのでお得だと思って買ったが、結局あまり着なかった。
イヤホン	ワイヤレスで便利だけど、充電しなければならなくて面倒。
調理器具	ミキサーを買ったら毎日スムージーが飲めていいと思ったけど、使った後で洗うのが面倒くさい。作らないで買うことの方が多い。

🎧 mp3

関連語彙

日用品_{にちようひん} 일용품 ｜ 生活雑貨_{せいかつざっか} 생활 잡화 ｜ 電子機器_{でんしきき} 전자 기기 ｜ 車用品_{くるまようひん} 자동차용품 ｜ 化粧品/コスメ_{けしょうひん} 화장품
文房具_{ぶんぼうぐ} 문방구 ｜ 箱買い_{はこが} 박스째로 사는 것 ｜ インテリア用品_{ようひん} 인테리어 용품 ｜ 電化製品_{でんかせいひん} 전자 제품

話してみましょう

❶ 最近買ったものは何ですか。

❷ 買いたいと思っているものや、買おうか悩んでいるものがありますか。

❸ 今年、買ったものの中で一番良かったものと良くなかったものについて話しましょう。

フリートーキング

衝動買い！

免税店に行ったとき、デパートで買うより安いと思って化粧品をたくさん買いすぎてしまった。旅行前はいつも買い物がしたくなってしまう。	眠い時にネットショッピングしていると、必要じゃないものまでたくさん買うことがある。次の日に起きて、驚いてしまう。
とても気に入った服があると、我慢ができない。似たような服を持っているのに、ついつい買ってしまう。	ゴルフクラブを買いにスポーツ用品店に入ったが、店員のセールストークが上手すぎて高いクラブを買ってしまった。

買う前に…

• 失敗したくないので、購入する前に色々調べてから買います。商品を比べたり、どこで買ったら一番安いかなどネットで調べます。

• 服は店に入って試着をしてみて一番自分に似合っていると思うものを買います。買う前に買うものを決めても、実際に試着してみたらあまり似合わないことも多いので。

関連語彙　🎧 mp3

割引（わりびき）할인 ｜ ○割引（わりびき）○×10% 할인 ｜ お買（か）い得商品（どくしょうひん）값싼 상품, 알뜰하게 잘 산 상품 ｜ 値下（ねさ）げ 가격 인하
目玉商品（めだましょうひん）인기 상품 ｜ おまけ 덤 ｜ スーパー 슈퍼(마켓), 마트 ｜ 文房具屋（ぶんぼうぐや）문구점 ｜ 古本屋（ふるほんや）헌책방

話してみましょう

❶ 衝動買いしてしまった経験について話しましょう。

❷ 店員のセールストークが上手で何かを買ったことがありますか。

❸ 何かを買うとき、事前に調べたり誰かに相談したりしますか。

フリートーキング

||||||| ロールプレイ |||||||

❖ 服屋でズボンを買う場合

店員	客
いらっしゃいませ。 お探しのものがございますか。	○○がほしいんですけど。 ○○を見に来たんですけど。 いえ、ただ見ているだけです。
こちらはどうでしょうか。 最近人気の商品ですよ。 最近はこちらがよく売れています。	試着してもいいですか。 あの商品を見せてもらってもいいですか。
いかがですか。	これいいですね。これにします。 ちょっときついです/大きいです。 ひとつ大きいサイズ/小さいサイズはありますか。
かしこまりました。	ちょうどいいです。これにします。 裾が長いんですが、裾上げができますか。
ご自宅用ですか。 プレゼント用ですか。	プレゼントじゃないのでこのままください。/ プレゼントなのでラッピングしてもらえますか。
お支払いは現金ですか。 カードですか。	現金でお願いします。/カードでお願いします。
<カード>では、こちらにサインをお願いします。 お支払いは一括ですか。分割ですか。	一括でお願いします。/2回払いでお願いします。 レシートをいただけますか。

<練習しましょう>

客と店員の役になっていろいろな店で買い物の練習をしましょう。

(服屋、メガネ屋、雑貨屋, ドラッグストア、レストラン、カフェ など)

05 学生時代は優等生じゃなかったです
<子供〜学生時代>

ポイント
1 「V(基本形)、N」につれて
2 「V(た形)」たものだ

話してみましょう

1 あなたはどんな学生でしたか。

2 学生の頃、何が楽しかったですか。

単語　🎧 mp3

優等生 _{ゆうとうせい} 우등생 | 大学受験 _{だいがくじゅけん} 대학 수험 | 浪人 _{ろうにん} 재수(생) | 気がつく _き 알아차리다, 깨닫다 | 部活動 _{ぶかつどう} 동아리 활동
少年 _{しょうねん} 소년 | 真っ黒だ _{ま くろ} 시꺼멓다 | 青春 _{せいしゅん} 청춘 | 例外 _{れいがい} 예외 | 経つ _た 지나다, 경과하다 | 緊張する _{きんちょう} 긴장하다
発展 _{はってん} 발전 | 普及 _{ふきゅう} 보급 | 近づく _{ちか} 접근하다, 다가가다 | 語る _{かた} 말하다, 이야기하다 | 幼い _{おさな} 어리다 | 恋ばな _{こい} 연애 이야기
地元 _{じもと} 자기가 사는 곳

吉田　キムさんは学生時代はどんな感じでしたか。やっぱり優等生でしたか。

キム　いえいえ。全然、真面目じゃなかったです。勉強しないでよく遊んでいました。それでよく先生に叱られたものです。

吉田　意外ですね。今と全然違いますね。いつから今のように真面目なキムさんになったんですか。

キム　大人になるにつれて、真面目になってきたと思います。実は高校の時、遊んでばかりいたので大学受験に失敗したんですよ。それで浪人することになって。遊んでばかりいてはだめだと気がついたんです。

吉田　そうだったんですね。部活はしていましたか。

キム　いいえ、していませんでした。韓国ではあまり部活動はしないんですよ。吉田さんはどんな学生でしたか。

吉田　僕は野球少年でしたよ。小学校から高校までずっと野球部だったので、毎日練習ばかりしていたものです。顔も真っ黒で。部活が僕の青春でしたね。

キム　野球部だったんですね。じゃあ、モテたんじゃないですか。

吉田　野球部ってモテそうなイメージがありますよね。でも、僕の場合は例外でした。野球が彼女でしたね。

キム　まるで青春漫画みたいですね。

チェックポイント

1

V(基本形)
N
+ につれて

⟶ (前)〜すると、(後ろ)も一緒に変化する

- 時間が経つにつれて、少しずつケガが治っていくでしょう。
- 試験の日が近くなるにつれて、だんだん緊張してきた。
- 街の発展につれて、この辺りは住みやすくなってきた。
- ケータイの普及につれて、SNSを利用する人が多くなった。

1. 年を取るにつれて、_____ くなる・になる。

2. (春・夏・秋・冬)が近づくにつれて、_____。

---

2 V(た形) **+** たものだ

⟶ (昔は)よく〜したなあ

- 子供の頃は友達の家に行って、一緒にゲームをして遊んだものだ。
- 大学時代には朝までお酒を飲みながら、夢について語ったものだ。
- 昔は夏休みになると、父の田舎に行って過ごしたものだ。
- 娘が幼かった頃は、よく家族で旅行に行ったものだ。

1. 幼い頃はよく _____ たものだ。

2. 若い頃は友達と _____ たものだ。

子供の頃、学生時代に遊んだ場所

公園

友達の家

学校の運動場

山、川、海 など

映画館

ゲームセンター

カラオケ

ボウリング場

子供の頃のお小遣いの使い道

□ 駄菓子　　□ 音楽CD　　□ カードゲーム　　□ 文房具

□ 貯金　　□ 漫画　　□ おもちゃ　　□ ゲーム機 など

🎧 mp3

関連語彙

近所の友達 동네 친구들 ┃ 秘密基地 비밀 기지 ┃ 雑貨 잡화 ┃ プリクラ 스티커 사진
キャラクターシール 캐릭터 씰(seal)·스티커 ┃ 自転車 자전거 ┃ おやつ 간식 ┃ 無駄遣い 낭비, 허비

話してみましょう

❶ あなたは子供の頃や学生時代にどんなところで遊びましたか。

❷ 子供の頃、お小遣いで何を買いましたか。

フリートーキング

学生時代の思い出

- 中学の時に修学旅行で定番の京都、奈良、大阪に行きました。もちろん観光も楽しかったですが、一番思い出に残っているのは夜遅くまでみんなと恋ばなをしたことです。友達の好きな人が誰なのか分かって、秘密をみんなで共有している感じがしてもっと仲が良くなりました。次の日は移動中ずっと居眠りをしちゃいましたがいい思い出です。

- 大学入学と同時に上京し、初めての一人暮らしが始まりました。東京の生活に慣れるまでは家族や地元の友達が恋しくてたまりませんでした。でも、学校生活にも慣れ同じ学部に友達が何人かできてからは自然と東京の生活に慣れていきました。今ではこっちの生活にも慣れここで就職したいと考えています。

🎧 mp3

関連語彙

まくら投げ 베개 싸움 | 荷物検査 수하물 검사 | ホームシック 향수병 | 親友 친한 친구 | 幼馴染み 소꿉친구
初恋 첫사랑 | 新入生歓迎会 신입생 환영회 | 送別会 송별회 | 専攻 전공 | 文系 문과 | 理系 이과 | 進路 진로

話してみましょう

❶ 学生時代の思い出について話しましょう。

　例) 修学旅行、入学式、卒業式、体育祭、学園祭、仲が良かった友達との話 など

❷ 学生時代に頑張っていたことは何ですか。

❸ 学生時代に流行っていたものについて話しましょう。

　例) ファッション、歌手、ドラマ、映画、ゲーム、食べ物 など

フリートーキング

校則

☑️ **持ち込み禁止**

ケータイ

お菓子

漫画

化粧品

☑️ **髪型や服装の規則**

茶髪禁止

ストレートパーマ、
パーマ禁止

短いスカート禁止

腰パン禁止

🎧 **mp3**

関連語彙

生活指導員 생활 지도원 ｜ 私服 사복 ｜ 制服 교복, 제복 ｜ 通学カバン 통학 가방 ｜ 前髪 앞머리 ｜ まゆ毛 눈썹
爪 손톱 ｜ スカートの丈 치마 길이 ｜ セーラー服 세라복 ｜ 学ラン 옛날 남자 교복(상의 긴 것)
ブレザー 블레이저(겉옷 상의의 일종) ｜ 罰を受ける 벌을 받다

話してみましょう

❶ あなたの学校の校則について話しましょう。

❷ あなたが理解できなかった規則について話しましょう。

06 どうしてその仕事を選びましたか
<勉強と仕事>

ポイント
1 「V・いA(普通形)、なA(〜な)、Nの」おかげで
2 「V・いA(普通形)、なA(〜な)、Nの」せいで

話してみましょう

1 あなたは学生の時、勉強が好きでしたか。嫌いでしたか。

2 子供の時、どんな仕事がしたかったですか。夢は何でしたか。

単語 🎧 mp3

就活 しゅうかつ 취업 활동, 취업 준비 | 履歴書 りれきしょ 이력서 | 志望動機 しぼうどうき 지망 동기 | 参考にする さんこう 참고로 삼다

コーディネート 코디네이트 | アレンジ 정리, 손질 | 雰囲気 ふんいき 분위기 | 自信がつく じしん 자신(감)이 붙다

うまくいく 잘돼 가다 | 影響を与える えいきょう あた 영향을 주다 | 一人前 いちにんまえ 한 사람 몫, 제구실 | 我慢 がまん 인내, 참음 | 職場 しょくば 직장

馴染む なじ 익숙해지다 | 騒音 そうおん 소음 | 収入 しゅうにゅう 수입 | やりがい 하는 보람, 할 만한 가치 | 能力を活かす のうりょく い 능력을 살리다

失業 しつぎょう 실업 | 資格 しかく 자격 | 自己啓発 じこけいはつ 자기 계발

後輩	先輩はどうして美容師という仕事を選んだんですか。
先輩	どうしたの?急に。
後輩	今、就活中で履歴書を書いているんですけど、志望動機のところがどうしてもうまく書けなくて。先輩の話を聞いて参考にしたいと思って。
先輩	志望動機は人によって違うから参考になるか分からないけど。俺の場合は子供の頃からファッションに興味があって、毎日服のコーディネートを考えたり、髪をアレンジするのが好きだったんだよね。
後輩	へえ。子供の時から先輩はおしゃれだったんですね。
先輩	特に髪はアレンジだけじゃなくて、長さを変えたり色を変えたりすると雰囲気が変わって本当におもしろいんだよね。それに、好きな髪型にすると自信がついて生活が楽しくなるし。
後輩	それ分かります。僕の場合は朝髪のセットがうまくいくと、朝から気分がよくなります。反対にうまくいかないと、朝から気分が下がります。髪のセットが決まらないせいで、一日中気分が暗くなるし。
先輩	そうそう。だから髪が人に与える影響は本当に大きいよね。それを手伝う仕事っていいなあって思ったんだ。
後輩	先輩に合っている仕事ですね。でも、美容師の試験って難しいし、一人前の美容師になるまでは本当に大変だったんじゃないですか。
先輩	それは仕方がないよ。やりたいことをするためには、努力とか我慢は必ず必要だから。
後輩	参考になりました。先輩の話を聞いたおかげで履歴書が書けそうです。

チェックポイント

1

V(普通形)
いA(普通形)
なA(〜な)
Nの

+ **おかげで**

≒ 〜の助けがあって、いい結果

- 友達が手伝ってくれたおかげで、早く宿題が終わった。
- 忙しかったおかげで、別れたばかりの彼氏のことを忘れられた。
- 同僚が親切なおかげで、早く新しい職場に馴染めそうだ。
- 担任の先生のおかげで、進路について真剣に考えるようになった。

1. _____ おかげで、元気になった。

2. 友達のおかげで、_____。

2

V(普通形)
いA(普通形)
なA(〜な)
Nの

+ **せいで**

≒ 〜が原因で、悪い結果

- ケータイが壊れているせいで、連絡ができない。
- 最近暑かったせいで、食欲がすっかりなくなった。
- 運動が苦手なせいで、体育の授業が嫌いだった。
- 騒音のせいで、夜ぐっすり寝られない。

1. _____ せいで、失敗してしまった。

2. 昨日の雨のせいで、_____。

フリートーキング

|||||||| 勉強 ||||||||

得意な教科、苦手な教科

☐ 数学　　☐ 外国語　　☐ 理科　　☐ 地理

☐ 歴史　　☐ 体育　　☐ 国語　　☐ 音楽

試験のエピソード

• 大学受験の当日、受験票を忘れて行ってしまいました。かばんに入れたつもりだったのに、なくてパニックになりました。「人生が終わった！」と思いましたが、担当の人が来て受験票がなくても試験が受けられると話してくれました。あの時は本当に頭が真っ白になりました。

• うちでテスト勉強をしていると、なぜか部屋の掃除や片づけをしたくなるんです。それに、爪を切りたくなったりもします。それで、勉強が十分にできず、そのまま学校に行くことがよくありました。

🎧 mp3

関連語彙

カンニング 컨닝 | 一夜漬け 벼락치기 | まとめる 정리하다 | 復習する 복습하다 | 進学する 진학하다
浪人 재수(생) | 入試 입시('입학시험'의 준말) | 進級する 진급하다 | サボる 게으름 피우다, (수업 등을) 땡땡이치다

話してみましょう

❶ 学生時代に得意だった教科、苦手だった教科は何ですか。

❷ 今、学生時代に戻ったらどんな教科の勉強がしたいですか。

❸ あなたの試験のエピソードを話してください。

フリートーキング

仕事の条件

☑️ どのような仕事が理想的だと思いますか。

1位	収入が安定している仕事
2位	やりがいが感じられる仕事
3位	専門知識や能力が活かせる仕事
4位	体に負担がかからない仕事
5位	失業の心配がない仕事、給料が高い仕事

関連語彙 🎧 mp3

経歴 경력 | 将来性 장래성 | 人間関係 인간관계 | 残業 잔업, 야근 | 福利厚生 복리 후생
スキルアップ 스킬업(기량 향상) | 定年退職 정년퇴직 | 有給休暇 유급 휴가 | 出世 출세 | 昇進 승진 | 人事 인사
立地 입지 | つながる 연결되다, 관련 있다 | 可能性 가능성 | 正社員 정규직 | 契約社員 계약직

話してみましょう

❶ あなたが考える理想的な仕事は何ですか。

❷ 今の仕事を選んだ理由は何ですか。また、今の仕事に満足していますか。

❸ 仕事でやりがいを感じたことについて話しましょう。

いろいろな資格

✅ **教育**

漢字検定、英語検定、TOEIC、簿記検定

✅ **文化·趣味**

ワイン検定、ネイル検定、フラワーアレンジメント、アロマテラピー検定

✅ **国家資格**

運転免許、教諭免許試験、弁護士試験、建築士試験、美容師試験

🎧 mp3

関連語彙

実技試験 실기시험 ┃ 筆記試験 필기시험 ┃ 通信講座 통신강의(통신매체를 이용한 교육과정) ┃ 不動産 부동산

調理師 조리사 ┃ 税理士 세무사 ┃ 公認会計士 공인 회계사 ┃ WEBデザイナー 웹 디자이너

話してみましょう

❶ あなたはどんな資格の勉強をしたことがありますか。

❷ 気になる資格や、挑戦してみたい資格は何ですか。

❸ 自己啓発のためにしている勉強がありますか。

07 見た目と性格どっちが大事？
<見た目・性格>

ポイント

1 「V・いA(普通形)、なA(〜な)、Nの」ふりをする
2 「V・いA(普通形)、なA(〜な)、Nの」わりに(は)

性格　見た目

話してみましょう

1 人は見た目が重要だと思いますか。

2 あなたはどんな性格ですか。また、家族や友達はあなたのことを何と言っていますか。

単語　　🎧 mp3

見た目 외모, 겉보기 ｜ 気がする 기분(느낌)이 들다 ｜ 見極める 판별하다 ｜ 大切だ 중요하다 ｜ 年齢 연령

まゆ毛 눈썹 ｜ 唇 입술 ｜ 背中 등 ｜ 腰 허리 ｜ コンプレックス 콤플렉스 ｜ 誠実だ 성실하다

社交的だ 사교적이다 ｜ 積極的だ 적극적이다 ｜ 正義感が強い 정의감이 강하다 ｜ 好奇心旺盛だ 호기심 왕성하다

せっかちだ 조급하다 ｜ 寂しがり屋 (남보다 민감하게) 쓸쓸해 하는 사람 ｜ 人見知りだ 낯가리다

神経質だ 신경질적이다 ｜ 気が強い 기가 세다

先輩　異性を見る時、見た目と性格、どっちが大事だと思う?

後輩　う〜ん。彼女なら見た目が大事で、結婚相手なら性格が大事です。

　　　先輩はどちらですか。

先輩　俺は彼女の場合も結婚相手の場合も見た目が大事だと思っていたんだけ
　　　ど…。まず見た目がタイプじゃないと相手をもっと知りたいって気持ちに
　　　ならないから。

後輩　確かに。そう言われてみれば、そうかもしれないですね。でもどうしたん
　　　ですか、急に。

先輩　ちょっと相談に乗ってほしいことがあるんだけどさ。

後輩　はい、僕でよければ何でも聞きますよ。

先輩　理想のタイプの子が会社にいて、見た目はいいんだけど性格がちょっ
　　　と…。

　　　いい子の ふりをしてる ような気がするんだよね。

後輩　そうなんですか。先輩が考えすぎなだけじゃないですか。

　　　焦らないで、もうちょっと時間をかけて見極めてみてみたらどうですか。

先輩　それがいいね。ありがとう、相談に乗ってくれて。

後輩　いえいえ。いつでも相談に乗りますよ。

　　　人は見た目が90パーセントって言う人もいますし。何が一番大切なのか分
　　　かりませんね。

1

V(普通形)
いA(普通形)
なA(〜な)
Nの

+ **ふりをする**

⇌ 本当はそうではないけどそのように行動する

- 彼はいつも分からないことでも分かったふりをしている。
- あの同僚は他の仕事を手伝わされるのが嫌だから、忙しいふりをしている。
- 彼女は元気なふりをしているが実は重い病気にかかっている。
- 両親の前でいい子のふりをするのはもう嫌だ。

1. ＿＿＿＿＿＿＿＿＿＿＿＿＿＿＿＿＿＿＿＿ 時、時間がないふりをした。

2. ＿＿＿＿＿＿＿＿＿＿＿＿＿＿＿＿＿＿＿＿ ので知らないふりをした。

2

V(普通形)
いA(普通形)
なA(〜な)
Nの

+ **わりに(は)**

⇌ 〜こととは不釣り合いに

- あまり試験勉強をしなかったわりには、試験の結果がよくて驚いた。
- このコートは値段が安いわりには、丈夫で質もいい。
- 仕事が大変なわりに、給料が安いので転職を考えている。
- 母は肌がきれいなので、年齢のわりには若く見えると思う。

1. ＿＿＿＿＿＿＿＿＿＿＿ は高いわりに、＿＿＿＿＿＿＿＿＿＿＿＿＿。

2. あの人はたくさん ＿＿＿＿＿＿＿＿ わりに、＿＿＿＿＿＿＿＿＿＿＿。

フリートーキング

||||||| 見た目(顔) |||||||

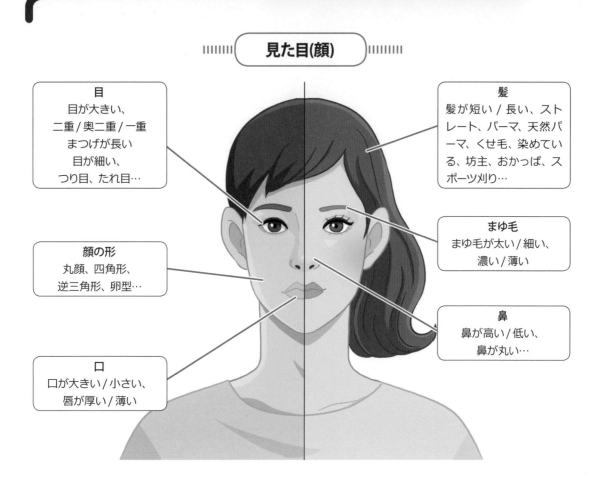

目
目が大きい、
二重 / 奥二重 / 一重
まつげが長い
目が細い、
つり目、たれ目…

髪
髪が短い / 長い、スト
レート、パーマ、天然パー
マ、くせ毛、染めてい
る、坊主、おかっぱ、ス
ポーツ刈り…

まゆ毛
まゆ毛が太い / 細い、
濃い / 薄い

顔の形
丸顔、四角形、
逆三角形、卵型…

鼻
鼻が高い / 低い、
鼻が丸い…

口
口が大きい / 小さい、
唇が厚い / 薄い

関連語彙　🎧 mp3

ほくろ 점 | ひげ 수염 | しわ 주름 | えくぼ 보조개 | そばかす 주근깨 | 額 이마 | 頬 뺨 | 歯並び 치열
美男 미남 | 美女 미녀 | イケメン 미남, 잘생긴 남자 | ブサイクだ 못생기다
ブスだ 못생기다, 못난이다(주로 여자에게 사용하는 속어)

話してみましょう

❶ あなたがなりたい顔について説明してみましょう。

❷ あなたは家族と顔が似ていますか。どんなところが似ていますか。

フリートーキング

||||||| 見た目(体) |||||||

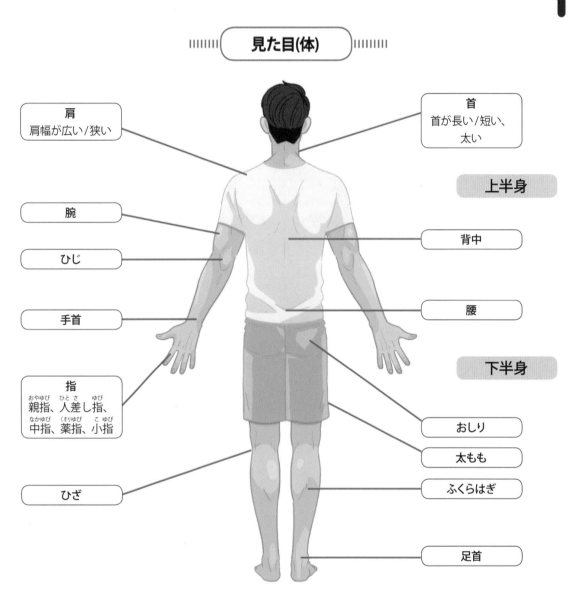

肩
肩幅が広い/狭い

首
首が長い/短い、
太い

上半身

腕

ひじ

背中

手首

腰

指
おやゆび　ひとさ　ゆび
親指、人差し指、
なかゆび　くすりゆび　こ ゆび
中指、薬指、小指

下半身

おしり

太もも

ひざ

ふくらはぎ

足首

❖ 体型：痩せている、標準体型、太っている、ぽっちゃり体型、スラっとしている

話してみましょう

❶ あなたは見た目にコンプレックスがありますか。

❷ あなたは自分の見た目をよくするために何か努力をしていますか。

フリートーキング

| | 性格 | |

ポジティブ	ネガティブ	どちらでもない
☐ 誠実	☐ 怠け者	☐ 大人しい
☐ 社交的	☐ せっかち	☐ マイペース
☐ 積極的	☐ 自己中心的	
☐ 正義感が強い	☐ 寂しがり屋	
☐ 冷静	☐ 人見知り	
☐ 好奇心旺盛	☐ 神経質	
☐ 活発	☐ 気が強い	

*注意　場合によって違うこともあります。

例) 私の性格は…

社交的な性格なので、年齢や性別、国籍に関係なく友達がいます。色々な人たちの話が聞けるので自分の視野が広がっていいです。でも、時々人に会うことに疲れるときもあります。

🎧 mp3

関連語彙

几帳面だ 꼼꼼하다 | 慎重だ 신중하다 | 熱しやすく冷めやすい 쉽게 뜨거워지고 쉽게 식는다 | 計画的だ 계획적이다
気配りができる 배려심이 있다 | 情が厚い 정이 많다 | 器用だ 손재주가 좋다, 요령이 좋다 | 個性的だ 개성적이다
合理的だ 합리적이다 | ぶりっこだ 착한 척하다(특히 젊은 여성에게 쓰는 말), 내숭이다 | おおらかだ 대범하고 느긋하다

話してみましょう

❶ あなたの性格の長所と短所について話しましょう。

❷ あなたがなりたい性格はどんな性格ですか。

08 健康が一番です
<健康>

ポイント

1 「V(基本形・ない形)、いA(基本形)、なA(〜な)、N」〜くらい(ぐらい)

2 「V(ます形)」そうになる

話してみましょう

1 あなたは自分自身が健康だと思いますか。

2 いつから健康に気を使い始めましたか。

単語 🎧 mp3

何だか 뭔가, 어쩐지 | 締め切り 마감(날) | 睡眠をとる 잠을 자다 | 居眠り 앉아서 졸음, 말뚝잠

通り過ぎる 지나가다 | 食事をとる 식사를 하다 | カップラーメン 컵라면 | くらくらする 어질어질하다

栄養のバランス 영양의 균형 | 育児 육아 | 転職 전직(이직) | 入浴 입욕 | サプリメント 영양제, 건강보조식품

自炊 자취(손수 밥을 지어 먹음) | 禁酒 금주 | 頭痛がする 두통이 나다, 머리가 아프다 | 消化 소화 | 胃 위

肝臓 간장(간)

あゆか　何だか疲れているようですね。どうしたんですか。

しのぶ　締め切り前で、寝る時間がない ぐらい 忙しいんです。

あゆか　そうだったんですか。それはいけませんね。睡眠はちゃんととらないと。

　　　　無理しすぎると、体によくないですよ。

しのぶ　昨日なんか、帰りのバスの中で居眠りをしてしまって、家の前のバス停を

　　　　通り過ぎて隣町まで行ってしまいました。

あゆか　それは大変でしたね。

　　　　食事はちゃんととっていますか。

しのぶ　朝は眠いからいつもコーヒーだけ。昼は軽くサンドイッチとかカップラーメ

　　　　ン。夜はコンビニの弁当を食べることが多いですね。

あゆか　それは栄養のバランスがとれていませんよ。そんな食生活を続けていた

　　　　ら、いつか倒れてしまいますよ。

しのぶ　そういえば、昨日の夜、倒れ そうになりました 。急に頭がくらくらして。

あゆか　それは心配ですね。今日からはちゃんと睡眠をとって、栄養バランスのい

　　　　い食事をとってください。仕事より健康が大事ですから。

チェックポイント

1

V(基本形・ない形)
いA(基本形)
なA(〜な)
N

+ 〜くらい(ぐらい)

≒ 状態の程度を表す

- 突然、涙が出るくらい(ぐらい)ストレスが溜まっている。
- 自分の孫は目に入れても痛くないくらい(ぐらい)かわいい。
- 子供たちは楽しみにしていた運動会が中止になって、かわいそうなくらい(ぐらい)がっかりしていた。
- 佐藤さんくらい(ぐらい)背が高ければよかったのに。

1. キムさんは _____ くらい喜んだ。

2. 涙が出るくらい、_____ 。

2

V(ます形) **+** そうになる

≒ もう少しで〜する直前だった

- ネットショッピングで必要のないものまで買いそうになった。
- 意地悪な上司に腹が立ちすぎて殴りそうになったが我慢した。
- この先生の授業はつまらなくて寝そうになることがよくある。
- 悲しい映画を見るといつも泣きそうになる。

1. お腹がすいて _____ そうになった。

2. _____ 倒れそうになったことがある。

フリートーキング

ストレス

ストレスの原因は？

- □ 仕事
- □ 人間関係
- □ お金の問題･心配
- □ 家事
- □ 育児
- □ 家族
- □ ダイエット
- □ 就職･転職
- □ 勉強
- □ 結婚

ストレス解消法

- □ 運動
- □ おいしいものを食べる
- □ お酒を飲む
- □ 睡眠
- □ 旅行
- □ おしゃべり
- □ ショッピング
- □ カラオケ
- □ 入浴

ストレス社会の中で…

　現代社会はストレス社会と言われています。子供、学生、大人、お年寄りと年齢に関わらずストレスを感じながら生きています。そのため現代社会で生きるためにはストレスとうまく付き合っていかなければならないのです。

　ストレスはなるべく溜めないようにし、ストレスが溜まったら解消できるようにした方がいいでしょう。さて、みなさんはどのようにそのストレスを解消していますか。

mp3

関連語彙

病(やま)は気(き)から 병은 환자의 마음에 달려있다 | 爆発(ばくはつ)する 폭발하다 | 責任感(せきにんかん) 책임감 | 悲観的(ひかんてき) 비관적
完璧主義(かんぺきしゅぎ) 완벽주의 | 精神(せいしん) 정신 | やけ食(ぐ)い 폭식 | 日光浴(にっこうよく) 일광욕 | 叫(さけ)ぶ 외치다

話してみましょう

1. あなたのストレスの原因は何ですか。最近ストレスが溜まったことはどんなことですか。
2. あなたのストレス解消法は何ですか。
3. これまでで一番ストレスが溜まった時の話をしてください。

フリートーキング

健康

☑ 健康維持のためにしていること

睡眠

運動

サプリメント

自炊

禁酒・禁煙

☑ 最近、具合がよくないところは？

頭痛がする

消化が悪い

胃が痛い

肝臓が悪い

肩がこる

腰が痛い

目が疲れる

肌荒れが気になる

☑ 元気を出したい時、何を食べる？ 何を飲む？

肉料理

にんにく

うなぎ

栄養ドリンク

野菜ジュース

イオン飲料

話してみましょう

❶ 健康維持のために、今後努力しようと思っていることは何ですか。

❷ 最近具合がよくないところがありますか。どうして具合が悪いと思いますか。

❸ 元気を出したい時、何を食べたり、飲んだりしますか。

フリートーキング

健康に関するウワサ

よく聞く健康についてのウワサ。そのウワサは本当?それとも嘘?

❶ ストレスで太る?

ストレスが溜まりすぎると、体は脂肪を体に溜めようとします。その
結果、太ってしまうことがあります。つまり本当!

❷ バカは風邪を引かない?

バカ=楽観的な人だと考えれば、これは本当の話です。楽観的な人
はストレスを感じにくく、免疫力が下がりにくいです。また、笑うこと
は免疫力を高める効果があります。

❸ 胃が痛いときは牛乳が効果的?

牛乳やヨーグルトは一時的に胃の痛みを和らげてくれます。ただし、
一時的なものなのできちんと病院に行くことをお勧めします。つまり
少し本当。

❹ ビールは太る?

よくビールは太ると聞きますがこれは嘘です。ビールのカロリーより
おつまみのカロリーの方が高カロリーです。また、アルコールのカロ
リーは早く消費されやすいのでビールを飲むことではなく、おつまみ
を食べることに問題があります。つまり嘘!

🎧 mp3

関連語彙

民間療法 민간요법 | しゃっくり 딸꾹질 | やけどする 데다, 화상을 입다 | あざができる 멍들다
すりむく 찰과상을 입다 | 骨 뼈 | 虫歯 충치 | 口内炎 구내염 | 二日酔い 숙취

話してみましょう

あなたが知っている健康に関するウワサを話しましょう。

09 一目惚れをしたことがありますか
<恋愛>

ポイント

1 たとえ「V・いA・なA・N(て形)」〜ても
2 「V(ます形)、いA(〜く)、なA(〜で)、N」さえ‥ば

話してみましょう

1 恋愛を始めるきっかけはどんなことが多いですか。

2 自分から告白やプロポーズはできますか。

単語　🎧 mp3

一目惚れ 한눈에 반함 | 恋に落ちる 사랑에 빠지다 | 笑顔 웃는 얼굴, 미소 | 天使 천사 | 惚れる 반하다

運命 운명 | 勇気を出す 용기를 내다 | 行動 행동 | 片思い 짝사랑 | 経済力 경제력 | 頭の回転 두뇌 회전

尊敬する 존경하다 | ユーモア 유머 | 気が利く 눈치가 빠르다, 재치 있다 | 愛想 붙임성 | 自慢話 자랑하는 이야기

不潔だ 불결하다 | 甘えん坊 어리광쟁이, 응석받이

チェ　一目惚れをしたことありますか。

山田　まだ一度もないです。たとえ顔がタイプでも、どんな性格か分からないので好きになることはないですね。でも急にどうしてそんな質問をしたんですか。

チェ　実は最近一目惚れをしたんです。彼女を見た瞬間恋に落ちました。

山田　え、相手は誰なんですか。

チェ　バイト先の新人の子です。笑顔がかわいくて、目が大きくて、声がきれいで、まるで天使みたいな子です。

山田　完全に惚れましたね。

チェ　初めて会った時、体に電気が走りました。これは運命だと思います。

　　　彼女さえいれば、もう何もいらないと思うようになりました。

山田　そんなに素敵な人なんですね。

　　　ところで、その彼女と連絡先を交換しましたか。

チェ　いいえ、それがまだなんです。なかなか勇気が出なくて。

山田　頑張ってください！行動しなければ何も始まりませんよ。

　　　恋愛には勇気も必要です。

チェ　そうですね。何もしなかったら片思いのままで終わっちゃいますね。

　　　今日、頑張って連絡先を聞いてみようと思います。

山田　応援しています！頑張ってください。

チェックポイント

1

たとえ ＋
- V(て形)
- いA(〜くて)
- なA(〜で)
- N(で)

＋ ても

⋯⋯⋯⋯⋯⋯⋯⋯⋯⋯⋯⋯⋯⋯⋯⋯⋯⋯⋯⋯⋯⋯

≒ 仮にもし〜としても

- たとえ好きなアイドルが結婚しても、ずっとファンでいるつもりだ。
- 彼氏が作ってくれた料理がたとえおいしくなくても、全部食べます。
- たとえきれいでも、性格が悪い人とは結婚できない。
- たとえ子供でも、悪いことをしたら謝らなければならない。

1. たとえ失敗しても、＿＿＿＿＿＿＿＿＿＿＿＿＿＿＿＿＿＿＿。

2. たとえ＿＿＿＿＿＿＿＿＿＿＿＿＿＿＿＿ても、恋人と別れない。

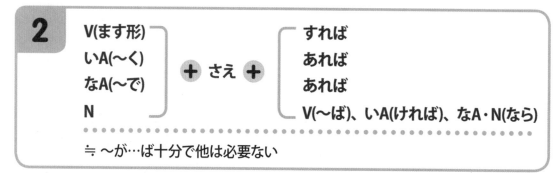

2

- V(ます形)
- いA(〜く)
- なA(〜で)
- N

＋ さえ ＋
- すれば
- あれば
- あれば
- V(〜ば)、いA(ければ)、なA・N(なら)

⋯⋯⋯⋯⋯⋯⋯⋯⋯⋯⋯⋯⋯⋯⋯⋯⋯⋯⋯⋯⋯⋯

≒ 〜が…ば十分で他は必要ない

- 名門大学は努力しさえすれば、入れるというわけではない。運も必要だ。
- 料理は見た目がまずそうでも、おいしくさえあればいいです。
- 子供は元気でさえあれば、他には何も必要ないです。
- お金さえあれば、幸せになれるわけではない。

1. 私は＿＿＿＿＿＿＿＿＿＿＿さえあれば＿＿＿＿＿＿＿＿。

2. 彼は性格さえよければ＿＿＿＿＿＿＿＿＿＿＿＿＿＿＿。

フリートーキング

あなたはどんなタイプの異性が好き？

女性が求める理想の人	
優しい人	経済力がある人
頭の回転が速い人	尊敬できる人
誠実な人	ユーモアがある人

男性が求める理想の人	
優しい人	笑顔がかわいい人
明るい人	スタイルがいい人
気が利く人	愛想がいい人

あなたはどんなタイプの異性が嫌い？

女性が嫌いなタイプ	
自慢話が多い人	軽そうな人
自己中心的な人	不潔な人
甘えん坊	怠け者

男性が嫌いなタイプ	
細すぎる・太りすぎている人	
嘘をつく人	不愛想な人
上から目線の人	不満が多い人

🎧 **mp3**

【関連語彙】

清潔だ 청결하다 | 笑いのツボ 웃음코드, 웃는 포인트 | 家庭環境 가정 환경 | 教養 교양 | 高飛車だ 고압적이다
一途だ 한결같다 | 消極的 소극적 | 自分勝手 제멋대로임, 마음대로임

話してみましょう

❶ あなたはどんなタイプの異性が好きですか。また、どんなタイプが嫌いですか。

❷ あんたはどんなタイプの同性が好きですか。また、どんなタイプが嫌いですか。

❸ 芸能人の中で誰が理想のタイプですか。

フリートーキング

❖ 一目惚れしやすいタイプ診断

NO.	質問	○ / ×
1	きれいな人、かっこいい人が好きだ。	
2	叶えたい夢がたくさんある。	
3	熱しやすく冷めやすい性格だ。	
4	結婚や恋愛に焦っている。	
5	一度、これだと思ったら、絶対にするタイプだ。	
6	先入観が強いタイプだ。	
7	理想のタイプがはっきりしている。	
8	アニメや漫画、ロマンティックなドラマが好きだ。	
9	人の話を聞かないことがある。	
10	迷信やうわさをよく信じる。	

結果　8個以上…危険！一目惚れしすぎないように注意しましょう。

　　　5個以上…外見が大事。惚れっぽい性格なので一目惚れしてしまうこともあるでしょう。

　　　2個以下…むしろ簡単に人を好きにならないタイプ。

恋愛での失敗

- 彼女のことが好きすぎて束縛してしまいました。その結果、彼女から「自由がほしい」と言われ振られました。

- 彼が異性の友達の話をしたり、テレビに出ている女優さんのことをきれいだと言うたびに焼きもちを焼いていました。今考えるととても幼稚だったと思います。

- 彼氏がいるのにイケメンの後輩から告白されました。彼氏と別れたくなかったし、後輩からの告白を断りたくなかったので二人と付き合っていました。しばらくして、後輩に二股がばれ、彼氏にもばれて結局一人になってしまいました。浮気をしてはいけませんね。

告白の言葉

嬉しかった告白の言葉	嬉しくなかった告白の言葉
• 好きです！ずっと一緒にいてください。	• 俺のこと好きなんだろう？
• ずっと一緒にいたいなあ。	• 好きかもしれない。
• 付き合ってください。	• とりあえず付き合う？
• 大切にします。	• 恋人がいるけど付き合う？

🎧 **mp3**

関連語彙

束縛 속박 ┃ 焼きもちを焼く 질투하다 ┃ 幼稚だ 유치하다 ┃ 二股 양다리 ┃ 浮気 바람(기)
元カレ 전 남친(옛 남자친구) ┃ 元カノ 전 여친(옛 여자친구) ┃ 本命 진심 ┃ かけひき 밀당 ┃ はまる 빠지다
冷める 식다 ┃ 三角関係 삼각관계 ┃ 記念日 기념일 ┃ デートスポット 데이트(에 적합한) 장소

話してみましょう

❶ あなた、または知り合いの恋愛での失敗について話してください。

❷ あなたが言われたい告白の言葉は何ですか。また、そのシチュエーションは？

❸ 理想的なデートについて話しましょう。

10 台詞に感動しました
<ドラマと映画>

ポイント　1 Nをきっかけに / Nがきっかけで　2 -1. 「V(基本形・〜ている)、いA(基本形)、なA(〜な)、Nの」うちに　2 -2. 「V(ない形)」ないうちに

📢 **話してみましょう**

1 最近見たドラマはどんなドラマですか。

2 最後見た映画は何ですか。

単語　🎧 mp3

主人公 주인공 ｜ 台詞 대사 ｜ 諦める 포기하다 ｜ 場面 장면 ｜ 感情移入 감정 이입

涙が止まらない 눈물이 멈추지 않는다 ｜ 演技 연기 ｜ 新人 신인 ｜ 主演 주연 ｜ スター 스타, 인기인

共演 공연(함께 출연함) ｜ スキャンダル 스캔들 ｜ すっかり 아주, 완전히 ｜ 次第に 점차, 차츰 ｜ 時代劇 시대극, 사극

あらすじ 줄거리

～ 昨日見たドラマの話 ～

上田　みなさん、昨日のドラマ見ましたか。

黒田　もちろん見ましたよ。

中本　昨日の主人公の台詞に感動しました。

上田　「諦められないんだ！」って、話した場面ですか。私もその場面で泣きそうになりました。

中本　私は泣いちゃいました。ドラマを見ているうちに、感情移入してしまって、涙が止まりませんでした。

黒田　彼、本当に演技が上手ですよね。今回のドラマをきっかけに、彼のことを知ったんですけど、彼って新人俳優なんですか。

上田　いえいえ。ずいぶん前からドラマや映画に出ていたそうですよ。ただ、主演は今回が初めてみたいですよ。

黒田　今回のドラマがきっかけで大スターになりそうですね。楽しみです。

中本　話は変わりますけど、主人公と相手役の演技がすごく自然で、まるで二人が本当に付き合っているように見えませんでしたか。

上田　えっ！それは絶対にないですよ。ないです。ないです。

黒田　よく共演をきっかけに、付き合ったり結婚したりする芸能人が多いじゃないですか。二人もそのうち、スキャンダルが出るかもしれませんよ。

上田　それは絶対にないです。彼の演技がすごく上手で、そう感じるだけですよ。

中本　上田さんはすっかりファンになりましたね。

📄 チェックポイント

1 **N ➕ をきっかけに / がきっかけで**

⋯⋯⋯⋯⋯⋯⋯⋯⋯⋯⋯⋯⋯⋯⋯⋯⋯⋯⋯⋯⋯⋯⋯

≒ 〜を契機として

- 旅行をきっかけに、異国の文化に興味を持つようになった。
- 病気がきっかけで、タバコもお酒もやめることにした。
- このドラマを見たことがきっかけで、彼のファンになった。
- 大学を卒業したのをきっかけに、一人暮らしを始めた。

1. _____ をきっかけに日本語の勉強を始めました。

2. _____ がきっかけで、_____ が好きになった。

2-1 **V(基本形・〜ている)**
いA(基本形)
なA(〜な)   ➕ **うちに**
Nの

⋯⋯⋯⋯⋯⋯⋯⋯⋯⋯⋯⋯⋯⋯⋯⋯⋯⋯⋯⋯⋯⋯⋯

≒ 〜間に

- 日本語の会話は練習をしていくうちに、次第に上手になっていく。
- 料理が温かいうちに、召し上がってください。
- 両親が元気なうちに、一緒に旅行に行きたい。
- 学生のうちにたくさんの本を読んでおいた方がいい。

2-2 **V(ない形) ➕ ないうちに**

⋯⋯⋯⋯⋯⋯⋯⋯⋯⋯⋯⋯⋯⋯⋯⋯⋯⋯⋯⋯⋯⋯⋯

≒ 〜前に

- 麺が伸びないうちに早く食べましょう。
- 大事なことは忘れないうちに、メモを取っておく。

1. _____ うちに、_____ 。

2. _____ ないうちに、_____ 。

フリートーキング

ドラマのジャンル

☐ 恋愛ドラマ　　　　　☐ ラブコメディドラマ　　☐ 医療ドラマ

☐ 家族ドラマ　　　　　☐ 学園ドラマ　　　　　　☐ コメディドラマ

☐ 歴史ドラマ　　　　　☐ 時代劇　　　　　　　　☐ サスペンス・推理ドラマ

☐ スポーツドラマ　　　☐ 朝ドラ　など

🎧 mp3

関連語彙

相手役 상대역 ｜ 子役 아역 ｜ 視聴率 시청률 ｜ ロケ地 로케이션(야외촬영) 지역 ｜ 結末 결말
どんでん返し 반전, 역전됨, (연극에서의) 장면 변환 장치 ｜ 放送 방송 ｜ 再放送 재방송 ｜ 主題歌 주제가

話してみましょう

❶ あなたが好きなドラマのジャンルについて話しましょう。

❷ あなたが見たドラマの話をしましょう。

　　例) 好きなもの、感動したもの、すすめたいもの など

❸ 印象的なドラマの場面、台詞について話しましょう。

フリートーキング

映画のジャンル

- ☐ 恋愛映画
- ☐ コメディー映画
- ☐ ホラー映画
- ☐ アクション映画
- ☐ SF映画
- ☐ アドベンチャー映画
- ☐ ファンタジー映画
- ☐ ヒューマンドラマ映画
- ☐ ミステリー映画
- ☐ スポーツ映画
- ☐ 歴史映画
- ☐ 戦争映画
- ☐ ドキュメンタリー映画 など

🎧 mp3

関連語彙

ファミリー映画(えいが) 가족 영화 | 西部劇(せいぶげき) 서부극 | 興行成績(こうぎょうせいせき) 흥행 성적 | 観客動員数(かんきゃくどういんすう) 관객 동원수
邦画(ほうが) 국내 영화(일본 영화) | 洋画(ようが) 외화, 서양 영화 | ネタバレ 스포일러 | 映画化(えいがか) 영화화 | 原作(げんさく) 원작
映画祭(えいがさい) 영화제 | 受賞(じゅしょう) 수상 | 評価(ひょうか) 평가 | 感想(かんそう) 감상 | 予告(よこく) 예고 | 監督(かんとく) 감독

話してみましょう

① あなたが好きな映画のジャンルとあまり興味がないジャンルは何ですか。

② 好きな映画俳優について話しましょう。

③ あなたが好きな映画トップ3を話してください。

どこで映画を見る？

　ある調査によれば、映画館で映画を鑑賞する人が減ってきているそうだ。特に10代から20代の若い世代は映画館に行かず、家で映画を見る人がどんどん増えているとのこと。みなさんは映画館で映画を見るのが好きですか。それとも家で見るのが好きですか。

映画館で見る派
大きなスクリーンで見る映画は最高！
特にアクション映画やSF映画は映画館で
見ると迫力が違う！

家で見る派
見たい時に見られるし、寝転びながら見られる
のがいい。それに、話が難しい時はケータイで
あらすじなどを検索しながら見られる。

♪ mp3

関連語彙

迫力 박력, 박진감 ｜ 鑑賞料金 감상 요금(영화 관람료) ｜ 動画配信サービス 동영상 전송 서비스 ｜ 月額 월정액
登場人物 등장인물 ｜ 検索 검색 ｜ 見逃す 못 보고 놓치다 ｜ 音響 음향 ｜ 巻き戻し 되감기 ｜ 早送り 빨리 감기

話してみましょう

❶ 映画館で映画を見ることの長所と短所は何だと思いますか。

❷ 家で映画を見ることの長所と短所は何だと思いますか。

❸ あなたは映画を映画館で見るのが好きですか。それとも家で見るのが好きですか。

ポイント

1 「V(基本形・た形)、Nの」〜通りに(=N通りに)
2 Nしか〜ない

話してみましょう

1 初めて買ったケータイについて、覚えていることを話しましょう。

2 今使っているケータイはどんなケータイですか。どんなところが気に入っていますか。

単語　🎧 mp3

発売 발매 ｜ 画面 화면 ｜ 映る 찍히다 ｜ 画質 화질 ｜ 修理代(金) 수리비 ｜ 我慢する 참다 ｜ 予想 예상
進む 진행하다 ｜ 残る 남다 ｜ 機能 기능 ｜ 通話 통화 ｜ 管理 관리 ｜ 動画 동영상 ｜ 公共の乗り物 대중교통 수단
マナーモード 매너 모드 ｜ 歩きスマホ 보행 중 휴대전화 사용

読みましょう

金子　あれ?ケータイをかえましたか。

宮田　はい。実は新しいケータイを買ったんです。

金子　発売されたばかりのケータイですね。うわ~、うわさ通りカメラが3つも
　　　あるんですね。それに、画面がとても大きいですね。

宮田　このカメラが気に入って買ったんです。きれいに写真も撮れるし、夜景も
　　　きれいに映るのがいいです。それに前のケータイより画質もいいです。

金子　そうなんですか。何か写真を見せてくれませんか。

＊＊＊

金子　(写真を見ながら)わあ。とてもきれいですね。

　　　でも、宮田さんが前使っていたケータイは古くなかったですよね。

宮田　はい。買って、1年しか経っていませんでした。でも、落として壊れてしま
　　　ったんです。修理代が思ったより高かったので、思い切って新しいものを
　　　買いました。

金子　いいなあ。私も新しいケータイがほしいです。でも、私のケータイは買っ
　　　て8カ月しか経っていないので我慢しなきゃいけません。

宮田　金子さん、あと一年ぐらい待てば、私のケータイよりもっといいものが発
　　　売されるはずですよ。

金子　あ、それもそうですね。

チェックポイント

1

V(基本形・た形)
Nの

＋ ～通^{とお}り(に) ＝ N通^{どお}り(に)

≒ ～と同じように

- 今から私が書く**通りに**、漢字を書いてみましょう。
- 先生が教えてくれた**通りに**勉強したら、成績が上がった。
- みんなの予想**通り**、彼は待ち合わせに少し遅れて来た。
- 今回のプロジェクトは計画の**通りに**進んでいる。

1. 明日は予定通りに ＿＿＿＿＿＿＿＿＿＿＿＿＿＿＿＿＿＿＿＿＿＿ 。

2. 両親が言う通りに ＿＿＿＿＿＿＿＿＿＿＿＿＿＿＿＿＿＿＿＿＿＿ 。

2

N ＋ しか～ない

≒ ～だけ、少ないと感じた時に話す

- 財布の中には500円**しか**入っていない。
- 運動をしていると言っても、まだ始めて2カ月**しか**経っていない。
- この仕事ができるのは、田中さん**しか**いないと思います。
- ほしい服があるけど、Sサイズ**しか**残っていないので諦めた。

1. お金がなくて ＿＿＿＿＿＿＿＿＿＿＿＿＿＿＿＿＿ しか食べられない。

2. 忙しいので、＿＿＿＿＿＿＿＿＿＿＿＿＿＿ しか＿＿＿＿＿＿＿＿＿ 。

フリートーキング

ケータイの機能

通話

インターネット

アラーム

カメラ

メモ

スケジュール管理

支払い

音楽を聴く

動画を見る

☑ どんなことを検索しますか

☐ 天気　　　　　☐ ニュース　　　　☐ 地図　　　　　☐ 芸能人の情報

☐ 映画の上映時間　☐ 買いたいものや行きたい店の口コミ

☑ よく使うケータイのアプリは？

☐ ショッピングアプリ　　　☐ ゲームのアプリ　　　☐ 写真編集アプリ

☐ レシピのアプリ　　　　　☐ SNSのアプリ　　　　☐ 翻訳アプリ

☐ 学習アプリ　　　　　　　☐ 動画再生アプリ　など

話してみましょう

❶ あなたがよく使う機能と、あまり使わない機能について話しましょう。

❷ あなたはどんなことをよく検索しますか。 今日、検索したことは何ですか。

❸ よく使うアプリと、おすすめのアプリを教えてください。

フリートーキング

新しいケータイを買うなら…

- ☐ 写真がきれいに撮れるもの
- ☐ デザインが気に入るもの
- ☐ 画面が大きいもの
- ☐ バッテリーの持続時間が長いもの
- ☐ 安いもの
- ☐ 容量が大きいもの

ケータイのマナー

注意!! 公共の乗り物の中で大きい声で話す

優先席の近くでケータイを使用する

病院の中でケータイを使用する

映画館や劇場でマナーモードにしない

歩きスマホやながらスマホをする

🎧 mp3

関連語彙

違約金 위약금 | 契約期間 계약 기간 | 保障 보장 | 料金プラン 요금제 | 機種変更 기기 변경

携帯ケース 휴대전화 케이스 | 優先席 우선석 | 撮影 촬영 | 自撮り棒 셀카 봉 | 無音 무음 | 着信音 착신음, 벨소리

話してみましょう

❶ もし、新しいケータイを買うならどんなものがいいですか。

❷ ケータイの悪いマナーについて話しましょう。

フリートーキング

ケータイがなかったら…

困ること	いいこと
待ち合わせに遅れる時、連絡ができない	早く行動するようになる
待ち合わせの場所に着いても、友達がどこにいるか分からない	本を読む時間が多くなる
一人でご飯を食べる時、暇になる	人と話すようになる
友達や恋人と連絡がしにくい	お金が節約できる
仕事をするときに不便	時間が節約できる
暇つぶしができない	休みの日に会社から連絡が来なくなる

☑ **ケータイがない生活をしてみた結果**

　ケータイがない生活をしてみたことがあるが、ケータイがないと忙しいと感じることが少なくなった。注文した料理が出てくるまで、バスが来るまで、移動している時など、いつもはケータイを触っていた。しかし、ケータイがなかったらその時間にぼーっとしたり、景色を見るようになって自分の時間がゆっくり過ぎると感じた。ケータイがない生活も悪くないと思った。

🎧 **mp3**

関連語彙

暇つぶし 시간 때우기｜個人情報の流出 개인 정보 유출｜初期画面 초기 화면｜既読 (이미) 읽음｜未読 읽지 않음
返信 답장, 회신｜待ち受け画面 배경 화면｜人付き合い 교제｜緊急連絡 긴급 연락

話してみましょう

❶ ケータイがなかったら何が一番困ると思いますか。

❷ ケータイがなかったら良かったのに…と思ったことがありますか。

12 イライラすることが多い
<喜怒哀楽>

ポイント

1 「V・いA・なA(て形)」てたまらない

2 「V・いA(普通形)、なA(〜な)、Nの」くせに

話してみましょう

1 あなたは最近、誰に怒りましたか。

2 あなたは何をしている時、楽しいと感じますか。

単語

🎧 **mp3**

喜怒哀楽（き ど あいらく）희로애락 | 憂鬱（ゆううつ）우울 | 感情（かんじょう）감정 | 感情の起伏（かんじょう き ふく）감정의 기복 | 激しい（はげ）심하다, 격하다

物に当たる（もの あ）물건에 화풀이하다 | 八つ当たり（や あ）화풀이 | 育てる（そだ）키우다, 양육하다 | イライラする 짜증 나다

迷惑をかける（めいわく）민폐를 끼치다 | ひどい 심하다 | 偉そうだ（えら）잘난 체하다, 으스대다 | 徹夜（てつや）철야, 밤샘

じーんとする 찡하다, 뭉클하다 | 腹が立つ（はら た）화가 나다 | むかつく 화가 치밀다, 울컥하다 | 頭に来る（あたま く）열받다

カッとなる 발끈하다 | うるうるする 울먹울먹 하다

読みましょう

田中　はぁ…何だか憂鬱（ゆううつ）です。

吉田　どうしたんですか。

田中　上司の感情の起伏が激しくて、何かあるとすぐ物に当たったり、八つ当たりされたりするんです。

吉田　それは周りにいる人が大変ですね。泣きたく てたまらない という顔をしていますよ。

田中　そうなんですけど、全然涙が出なくて。子供の頃、親に男は泣くなって言われて育てられたんです。そのせいか大人になって悲しく てたまらない 時でも泣けなくて。

吉田　そういえば子供の頃、泣かないように育てられると悲しいという感情が怒りに変わってしまうらしいですよ。

田中　そのせいで私もイライラすることが多いんですかね。

　　　もしかしたら私の上司もそうやって育てられたのかもしれません。

吉田　そうですね。本当は、かわいそうな人なのかもしれません。

　　　喜怒哀楽…どれもなくてはならない重要な感情ですね。

田中　でも、イライラして周りの人に迷惑をかけるのはひどすぎます。

　　　自分も仕事ができない くせに 、偉そうにして。

吉田　ストレスが溜まっているようですね。田中さんも我慢ばかりしないで言いたいことはきちんと言った方がいいですよ。

田中　そうですね。そうします。

チェックポイント

1

V(て形)
いA(〜くて)   **+**   てたまらない
なA(〜で)

⋯⋯⋯⋯⋯⋯⋯⋯⋯⋯⋯⋯⋯⋯⋯⋯⋯⋯⋯⋯⋯⋯

≒ 我慢できないほど〜、非常に

- 朝から何も食べていないので、お腹が空いてたまらない。

- 遠距離恋愛中の彼女に早く会いたくてたまらない。

- 昨日は徹夜で仕事をしたので、眠くてたまらない。

- 初めて息子をおつかいに行かせたので、心配でたまらない。

1. 昨日は＿＿＿＿＿＿＿＿＿＿＿ので＿＿＿＿＿＿＿＿＿＿てたまらない。

2. 最近＿＿＿＿＿＿＿＿＿＿から＿＿＿＿＿＿＿＿＿＿てたまらない。

2

V(普通形)
いA(普通形)
なA(〜な)   **+**   くせに
Nの

⋯⋯⋯⋯⋯⋯⋯⋯⋯⋯⋯⋯⋯⋯⋯⋯⋯⋯⋯⋯⋯⋯

≒ のに(批判したい気持ちがある時に使う)

- 13時に来るって言ったくせにまだ来ない。

- あの子はかわいいくせに自分のことをかわいくないと言う。

- 彼は体育の授業になると、元気なくせに病気のふりをする。

- あの人は日本人のくせに時間を全然守らないので日本人らしくない。

1. あの人は大人のくせに＿＿＿＿＿＿＿＿＿＿＿＿＿＿＿＿＿。

2. ＿＿＿＿＿＿＿＿＿＿と話していたくせに、＿＿＿＿＿＿＿＿＿。

喜怒哀楽を表す表現 (1)

☑ 喜 喜び

(嬉しくて感動する)

嬉しい

やったー！

じーんとする

☑ 怒 怒り

イライラする

腹が立つ

むかつく

☑ その他の表現 頭に来る・カッとなる

関連語彙　🎧 **mp3**

大喜(おおよろこ)びする 매우 기뻐하다 ｜ **どきどきする** (기쁨, 걱정 등으로) 두근거리다 ｜ **わくわくする** (기쁨, 기대 등으로) 두근거리다
むかむかする 메슥거리다 ｜ **激怒(げきど)する** 격노하다 ｜ **むっとする** (화가 나서) 불끈하다 ｜ **キレる** 화가 치밀어 참을 수 없다
逆(ぎゃく)ギレする 적반하장이다

話してみましょう

❶ 今までで一番嬉しかったことについて話しましょう。

❷ 今までで一番腹が立ったことは何ですか。

❸ あなたはどんなことをされるとイライラしますか。

フリートーキング

喜怒哀楽を表す表現 (2)

悲しい…

☑ 哀 悲しみ

(泣き方) 弱	⇒	強
		ぽろぽろ泣く
	しくしく泣く	
うるうるする		わんわん泣く
	めそめそ泣く	
		おぎゃーと泣く

☑ 楽 楽しみ

• 笑い方

にこにこ笑う・げらげら笑う

くすくす笑う・にやにや笑う

楽しい!

わーい!

🎧 mp3

話してみましょう

最近どんなことで泣いたり笑ったりしましたか。

人前でも泣ける？ 感情が豊かな人の特徴とは？

泣かない
34.7%

悲しくても
あまり泣か
ない人の割合

感動して泣く、怒って泣くなど感情を豊かにするためには絶対に必要な涙ですが涙活という言葉ができるほど、日本人の中でも泣けない人は多いそうです。

2000人程度にアンケートを取ったところ、３５％の人が悲しくても泣かないと答えました。

(引用：https://news.infoseek.co.jp/article/sirabee_20161672613/)

☑️ 感情が豊かな人の特徴

特徴1　読書や芸術、映画などをよく楽しんでいる。

特徴2　感情移入をよくする。

特徴3　泣き虫なところがある。

特徴4　香りや音の違いがすぐ分かる。

特徴5　自分の時間を大切にしている。

🎧 mp3

関連語彙

感情が豊かだ 감정이 풍부하다 ｜ 特徴 특징 ｜ アンケートを取る 앙케트를 실시하다 ｜ 芸術 예술 ｜ 泣き虫だ 울보다
香り 향기 ｜ すっきりする 상쾌하다 ｜ 表に出す 겉으로 드러내다

話してみましょう

❶ 感情表現が豊かなタイプですか。

❷ 最近、我慢していることはありますか。

13 夏と言えばお祭り
<四季>

ポイント　　1 Nと言えば　　2「V・いA(普通形)、なA(〜だ)、Nだ」からといって、
　　　　　　　　　　　　　　　　　「V・いA(普通形)、なA(〜な)、Nな」わけではない

話してみましょう

1 一番好きな季節はいつですか。どうしてですか。

2 今年の春・夏・秋・冬に何か計画がありますか。

単語　　　　　　　　　　　　　　　　　　　　　　　　　🎧 mp3

めっきり 부쩍, 제법 | 涼しい 시원하다 | 海水浴 해수욕 | 祭り 마쓰리(축제) | 地域 지역 | 伝統文化 전통문화

和食 일식 | 花火大会 불꽃놀이 | 品質 품질 | 行事 행사 | ゴールデンウィーク 골든 위크(4월 말부터 5월초까지

공휴일이 모여 있는 기간) | 飽きる 질리다 | お盆 오봉(일본의 명절, 양력 8/15)

mp3

キム　最近、めっきり涼しくなってきましたね。

山本　そうですね。もう秋が来たようですね。

　　　少し前までとても蒸し暑かったことが嘘のようです。

キム　今年の夏は楽しかったなあ。海水浴に行って、夏祭りにも行って…。

山本　そういえば、キムさんは近所のお祭りに参加したんですよね。

キム　そうなんですよ。近所の人に誘われて初めて参加しましたが、とてもいい思い出になりました。来年も参加したいと思っています。

山本　いいなあ。私も一度、参加してみたいです。

キム　え?山本さんはお祭りに参加したことがないんですか。

山本　日本人だからといって、みんな経験があるわけじゃないです。

　　　私はいつも見てばかりで、参加したことがありません。

キム　日本の夏と言えばお祭り。いや、日本と言えばお祭りなのに…。

山本　そこまで言われたら、一度は参加してみなきゃいけませんね。

キム　私が住んでいる地域では子供からおじいちゃんおばあちゃんまで、それに外国人留学生などたくさんの人が参加していました。

山本　外国人留学生まで参加できるんですね。日本に来て日本の文化を体験してくれるなんて嬉しいです。

　　　日本人ももっと日本の伝統文化に興味を持たなきゃいけませんね。

チェックポイント

1 N ➕ と言えば

≒(連想することについて話す)〜について話すと

- 和食と言えば、やっぱり寿司だ。

- 夏と言えば、彼女と行った花火大会を思い出す。

- 北海道の食べ物と言えば、ジンギスカンだ。

- **A** もう12月ですね。1年が過ぎるのは早いです。

   B そうですね。12月と言えば、もうクリスマスですね。

1. 春と言えば、_____。

2. 韓国が強いスポーツと言えば、_____。

2

| V(普通形) いA(普通形) なA(〜だ) Nだ | ➕ からといって、 | V(普通形) いA(普通形) なA(〜な) Nな | ➕ わけではない |

≒ (〜ということから考えられることとは違って)…ではない

- 有名な大学を出たからといって、幸せになれるわけではない。

- 値段が高いからといって、品質がいいわけではない。

- 真面目だからといって、仕事ができるわけではない。

- 日本人だからといって、敬語が得意なわけではない。

1. 韓国人だからといって、_____。

2. _____からといって、_____ができるわけではない。

フリートーキング

日本の四季－春

✅ 春(3月～5月)の行事

ひなまつり(3/3)

卒業式·入学式(3月·4月)

花見(4月頃)

子供の日(5/5)

ゴールデンウィーク(4月末～5月)

母の日(5月の第2日曜日)

✅ 春と聞いて連想するもの

桜
花見
入学式
花粉症
出会いと別れ

春と聞いて連想するのは何と言っても「お花見」です。

桜と言っても色々な種類があるので、毎年見ても飽きません。

そして、桜の下で食べる弁当は本当においしいです。

🎧 mp3

関連語彙

梅 매화 | 新学期 신학기 | カーネーション 카네이션 | 菜の花 유채꽃 | たんぽぽ 민들레 | チューリップ 튤립
クラス替え 반 배정 | 若葉 새싹 | ぽかぽか 따끈따끈

話してみましょう

❶ 韓国には春にどんな行事がありますか。

❷ あなたは春と言えば、何を思い出しますか。

フリートーキング

日本の四季−夏

☑ 夏(6月〜8月)

花火

夏祭り

かき氷

お盆(8月15日前後)

七夕(7/7)

海水浴

☑ 夏休みの思い出と言えば?

海·プール	キャンプ	部活
すいか割り	虫取り	日焼け
家族旅行	ラジオ体操	夏休みの宿題

☑ 夏休みのエピソード

- 家族で毎年おじいさんの住む田舎に行き、川で泳いだり、山でカブトムシを捕まえたりして遊びました。

- 毎日サッカー部の練習で汗を流していました。青春でした。

関連語彙　🎧 mp3

にわか雨 소나기 | 夕立 (여름 오후에 내리는) 소나기 | 浮き輪 튜브 | お墓参り 성묘 | 法事 법사, 제사
先祖 선조, 조상 | 真夏 한여름 | 猛暑 무더위 | 蒸し暑い 찌는 듯이 덥다, 무덥다

話してみましょう

❶ 韓国には夏にどんな行事がありますか。

❷ あなたの夏休みの思い出について話しましょう。

日本の四季–秋・冬

☑ 秋(9月〜11月)

紅葉狩り

果物狩り

運動会

☑ 冬(12月〜2月)

クリスマス(12/25)

正月(1/1)

こたつ

スキー

節分(2月3日前後)

成人式(1月の第2月曜日)

mp3

関連語彙

陰暦 음력 ㅣ 陽暦 양력 ㅣ 祝日 축일(일본의 공휴일) ㅣ 神社 신사 ㅣ おみくじ 오미쿠지(길흉을 점치는 제비)
お守り 부적 ㅣ イチゴ 딸기 ㅣ さくらんぼ 체리 ㅣ 桃 복숭아 ㅣ ぶどう 포도 ㅣ リンゴ 사과 ㅣ 柿 감 ㅣ みかん 귤

話してみましょう

❶ 韓国には秋と冬にどんな行事がありますか。

❷ あなたの秋と冬の思い出について話しましょう。

14 正月は一大イベント
<文化>

ポイント

① 「V・いA(普通形)、なA(〜だ)、N」かと思った

② 「V・いA(普通形)、なA(〜だ)、Nだ」なんて

話してみましょう

1 あなたは日本のどんな文化に興味がありますか。

例) 伝統文化(茶道、華道、書道 など)、食文化、アニメやまんが文化

2 韓国の文化の中で外国人に紹介したい文化は何ですか。

単語 🎧 mp3

伝統文化 전통문화 | 茶道 다도 | 華道 화도(꽃꽂이의 예법) | 書道 서도(서예) | 食文化 식문화 | 迎える 맞이하다

お年玉 세뱃돈, 새해 선물 | 雑煮 조니(일본식 떡국) | 年末 연말 | 正月 정월, 설 | 年賀状 연하장 | 大掃除 대청소

元旦 원단, 설날 | ずいぶん 몹시, 아주 | 姪っ子 조카딸 | 飾る 장식하다 | 縁起がいい 길하다, 재수가 좋다

松岡	キムさんは日本で正月を迎えるのは初めてですか。
キム	はい、今年が初めてです。お年玉をもらったり雑煮を食べたりするのは韓国と同じだと聞きましたが、他にはどんなことをしますか。
松岡	そうですね。まず、年末から正月の準備が始まります。年末になると年賀状を書いてポストに入れます。
キム	韓国ではメールで送ることが多いですが、今も年賀状を書いていますか。
松岡	私は子供の頃は書きましたけど、最近は書いていません。それで書かない人の方が多いかと思いましたが、今も書く人の方が多いそうです。
キム	そうなんですね。じゃあ、年賀状が終わったら次は何をしますか。
松岡	私の家ではおせち料理の準備をしたり、大掃除をしたりします。
キム	することが多いですね。
	正月の前にそんなに色々なことをするなんて、知りませんでした。
松岡	1月1日の元旦には新年のあいさつをして、お年玉をもらいます。そして、おせち料理や雑煮を食べて家族とゆっくり過ごします。
キム	それが日本の正月の過ごし方なんですね。
	ところで、松岡さんはまだお年玉をもらっていますか。
松岡	もらっていませんよ。もう大人ですから。キムさんは？
キム	実は、今ももらっています。まだ子供ですから。
松岡	ずいぶん大きい子供ですね。

チェックポイント

1

V(普通形)
いA(普通形)
なA(〜だ)
N

+ かと思った

≒ 〜と思ったけど(違った)

- このカバン、高いかと思ったけど意外と安い。

- 交通事故に遭った時は死ぬかと思った。

- 試験が難しかったのでだめかと思ったが、合格できてよかった。

- 日本語が自然なので日本人かと思ったら、韓国の方でしたか。

1. _____を着ているので_____かと思った。

2. 今日は、_____かと思ったが、_____。

2

V(普通形)
いA(普通形)
なA(〜だ)
Nだ

+ なんて

≒ とは(意外、驚きを表す気持ち)

- あんなに仲が良かった二人が別れるなんて思わなかった。

- 姪っ子が産まれるまでは、子供がこんなにかわいいなんて感じたことがなかった。

- こんなに働くことが大変だなんて、学生の時には分からなかった。

- あの二人が兄弟だなんて信じられない。顔が全然似ていない。

1. _____までは_____なんて思いませんでした。

2. _____なんて信じられません。

一大イベント「正月」

☑ 年末年始 年賀状/大掃除/鏡餅/しめなわ、門松を飾る/おせち料理の準備

| 年賀状 | 鏡餅 | しめなわ | 門松 |

☑ 大晦日 年越しそば/紅白歌合戦/除夜の鐘

年越しそば 　　　　　紅白歌合戦 　　　　　除夜の鐘

☑ 元旦 初日の出/おせち料理、お雑煮を食べる/初詣/お年玉

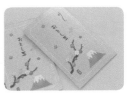

おせち料理 　　　　雑煮 　　　　初詣 　　　　お年玉

• おせち料理は正月の間(1月1日〜3日)、主婦がゆっくり休めるように冷たくなってもおいしい
料理を準備したものです。そのおかずには縁起のいいものがたくさん使われています。例え
ば昆布は「喜ぶ」と発音が似ているため縁起がいい食べ物だと言われています。

🎧 mp3

関連語彙

陰暦 음력 | 陽暦 양력 | 神社 신사 | おみくじ 오미쿠지(길흉을 점치는 제비)
（いんれき）（ようれき）（じんじゃ）

話してみましょう

韓国のお正月や一大イベントについて教えてください。

フリートーキング

日本の結婚式

☑ 招待状　　　　　　　　　　　　　　　☑ ご祝儀

☑ 結婚式

神前結婚式　　　　　　　　教会結婚式

☑ 披露宴
結婚式後、家族、親戚、友人、会社関係者などを招待した会食が2～3時間ほど行われる。料理はコース料理が基本。

☑ 二次会
場所を移し二次会が開かれる。誰でも自由に参加でき、会費制の場合が多く、料理はビュッフェ形式が基本。ビンゴゲームなどが行われる。

☑ 服装
フォーマルな服装で行くが、全身白や黒の服は避ける。髪型や小物などにも気を使うのが礼儀だ。

● かける言葉　「本日はおめでとうございます」「お招きいただきありがとうございます」

関連語彙　　　　　　　　　　　　　　　　　　　　　　　　　　　　　🎧 mp3

式場 식장 ｜ 日程 일정 ｜ 衣装 의상 ｜ 祝辞 축사 ｜ 指輪 반지 ｜ 引き出物 답례품 ｜ 費用 비용

話してみましょう

❶ 日本の結婚式について知っていることがありますか。

❷ 韓国の結婚式について教えてください。

日本の伝統的な行事

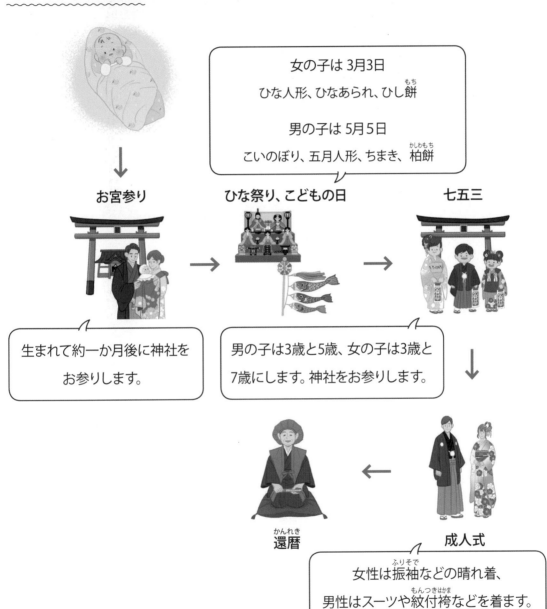

女の子は 3月3日
ひな人形、ひなあられ、ひし餅

男の子は 5月5日
こいのぼり、五月人形、ちまき、柏餅

お宮参り　　　　ひな祭り、こどもの日　　　　七五三

生まれて約一か月後に神社を
お参りします。

男の子は3歳と5歳、女の子は3歳と
7歳にします。神社をお参りします。

還暦　　　　　　　成人式

女性は振袖などの晴れ着、
男性はスーツや紋付袴などを着ます。

話してみましょう

韓国では生まれてからどんなイベントがありますか。

すくすく 日本語 회화 3

パート

B

01 誘う

話してみましょう

1 あなたは誘うことが多いですか。誘われることが多いですか。

2 あなたはよく誰にどんなことを誘いますか。どうやって誘いますか。

3 あまり好きじゃない人から誘われたらどうしますか。

チェックポイント

V(ない形)
いA(～くない)
なA(～じゃない・でない)
N(～じゃない・でない)

 ＋ ないことはない

≒ ～けど、ちょっと…

- 料理をしないことはないけど、最近忙しいのであまり料理をしていない。

- 一人で旅行に行けないことはないが、一人で行っても楽しくなさそうだ。

- 新しくできた店はおいしくないことはないが、ちょっと高すぎると思う。

- 週末、休みじゃないことはないけど、会社から連絡が来れば出勤しなきゃいけない。

- **A** 明日、7時のバスに乗れば間に合うかな。

  B う～ん。飛行機の時間に間に合わないことはないけど、余裕を持って一本早いのに乗

  ろう。

- **A** ギョーザ食べないの。ここの、おいしいよ。

  B 食べられないことはないけど、この後約束があるから…。

1. _____が食べられないことはないが、_____。

2. 明日行けないことはないですけど、_____。

3. _____。

 **会話 A**

🎧 **mp3**

同僚を食事に誘う

中野 　最近、この近くに本場イタリアの味が味わえるピザ屋ができたらしいんで
　　　すけど、行ったことありますか。

清水 　最近人気らしいですね。SNSで何度か写真を見たことありますけど、行っ
　　　たことないです。

中野 　そうなんですね。よかった！ 実は私もまだなんです。よかったら、一緒に
　　　どうですか。

清水 　いいですね。行きましょう。

中野 　今月なら、いつがいいですか。都合のいい日を教えてください。

清水 　そうですね。今週は締め切り前でバタバタしていますし、来週とか再来週
　　　はどうですか。

中野 　はい。私も来週か再来週がいいと思います。さっき調べたんですが、この
　　　店は月曜日が定休日らしいんです。なので、来週の火曜日はどうですか。

清水 　(スケジュールを確認しながら)来週の火曜日は行けないことはないんです
　　　が、午前に取引先との打ち合わせがあるので…。ひょっとしたら少し遅く
　　　会社に戻るかもしれないんです…。

中野 　そうなんですね。じゃあ、その次の日はどうですか。20日の水曜日です。

清水 　その日は何もスケジュールがないです。その日にしましょう。

中野 　じゃあ、来週の水曜日のランチは空けといてくださいね。
　　　今から楽しみです。

単語 🎧 **mp3**

本場の味 본고장의 맛 ┃ 味わう 맛보다 ┃ 都合 상황, 형편 ┃ 締め切り 마감(날) ┃ バタバタする (분주해서) 정신이 없다
用事 용무, 볼일 ┃ あいにく 공교롭게 ┃ 二日酔い 숙취 ┃ 目を通す 훑어보다
幹事 간사(모임에서 일을 주선하고 맡아 처리하는 중심적인 사람/역할)

上手な誘い方(急に誘わないで誘うサインを送る)

- もうあの映画見ましたか。まだ見ていなければ、一緒にどうですか。
- 友達にもらったコンサートのチケットがあるんですけど、時間があれば行きませんか。
- 今日、予定が何もないんですけど…もし何も約束がなければ、ご飯でも行きませんか。
- 授業が終わった後、何か用事でもある?ないなら、一緒に遊びに行かない。

上手な断り方(〜んです)

- その日は田舎から両親が来るんです。残念ですが、今度また誘ってください。
- お酒が嫌いじゃないことはないんですが、今日は具合があまりよくないんです。
- 実は私辛い料理が苦手なんです。もしよろしければ、他の料理でもいいですか。
- あいにく、その日はバイトなんですよ。今日は時間、空いていますか。

〜とく/〜どく

- 忘年会シーズンで人が多そうなので予約をしときますね。時間は8時で大丈夫ですよね。
- 飲み会の前に薬を飲んどくと、次の日二日酔いが軽くなっていいですよ。
- 集合場所が変わったことは部長に話しといたので、連絡しなくていいですよ。
- 心配なので、試験の前にもう一度教科書に目を通しとこう。

ロールプレイ

❶ A あなたは会社員です。同僚のBさんを○○に誘ってみましょう。

　 B Aさんの誘いの内容を聞いて行くかどうか決めてください。そして約束の時間、場所などを決めてください。例) おもしろそうな映画、食事、お酒、運動、買い物 など

❷ A あなたはクラスの飲み会の幹事で、クラスメートに飲み会について説明しましたが参加者が少ないようです。皆が飲み会に参加するように誘ってみましょう。

　 B Aさんから飲み会に誘われましたがダイエット中なので参加したくありません。Aさんが納得できるように断ってください。

気になっている人を映画に誘う

山田　週末、何か予定ありますか。実は映画のチケットが2枚あるんですけど、
　　　よかったら…。

伊藤　え、本当ですか。行きたいです。でも、せっかくもらったチケットなのに、
　　　いいんですか。

山田　もちろんですよ。前話していた映画、まだ公開中みたいですよ。一緒に行
　　　きませんか。

伊藤　はい！ ぜひ。じゃあ、食事は僕にご馳走させてくださいね。

山田　いえいえ、そんな気を使わないでください。それに、私から誘いましたか
　　　ら。

伊藤　それは困りますよ。ちゃんとご馳走させてもらいます。

　　　食べたいものを考えといてくださいね。

山田　では…、お言葉に甘えて。次は私に払わせてください。

　　　映画の時間を調べたら連絡しますね。

伊藤　ありがとうございます。じゃあ、食べたいものや苦手なものがあったら
　　　遠慮なく言ってくださいね。お店を探しておくので。

山田　はい、ありがとうございます。じゃあ、また。

単語　　　　　　　　　　　　　　　　　　　　　　　　　　🎧 mp3

せっかく 모처럼 | 公開(こうかい) 공개, 개봉 | ご馳走(ちそう)する 한턱내다 | お言葉(ことば)に甘(あま)えて 염치 불고하고, 말씀을 고맙게 받아들여
遠慮(えんりょ)なく 사양하지 않고, 기탄없이 | お返(かえ)し 답례 | どんどん 계속해서, 자꾸 | 意見(いけん) 의견 | 不明(ふめい) 불명
問(と)い合(あ)わせる 문의하다

～させてください

- 今回のプロジェクトはぜひ私にさせてください。
- お父さん、娘さんと結婚させてください。
- すぐに取りに来ますから、ここに少し荷物を置かせてください。
- 難しい問題なので、少し考えさせてください。

気を使う

- 気になっている彼とデートするので、いつもより服に気を使った。
- 飲み会で上司が横に座ったので、気を使いすぎて疲れてしまった。
- 一緒にいる時にも気を使わなくてもいい人と結婚したいです。
- (お返しをもらいながら) 気を使わなくてもいいのに、ありがとうございます。

遠慮なく/遠慮せず

- 私の日本語が間違っていたら、遠慮なく言ってくださいね。
- 明日の会議では遠慮せず、どんどん意見を言ってください。
- どうぞご遠慮なく。お召し上がりください。
- ご不明な点がございましたら、ご遠慮なくお問い合わせください。

ロールプレイ

❶ **A** あなたは学生です。今日クラスメートと打ち上げをするつもりです。先生にも来てもらいたいので先生を打ち上げに誘いましょう。

   B あなたは先生です。学生に打ち上げに誘われましたが打ち上げは今日です。とても急な誘いであなたは少し困っています。学生の誘いの内容を聞いて行くかどうか決めてください。

❷ **A** 気になっている人をデートに誘ってください。

   B 好きな人にデートに誘われました。どんなデートをするか話しましょう。

02 問い合わせる

ポイント　「V(基本形)、N」しかない

話してみましょう

1 どんなところに問い合わせますか。

2 問い合わせをする時、どんなことを聞きますか。

3 飲み会や食事会の予約をしたことがありますか。

チェックポイント

V(基本形) N	**+**	しかない

≒ V：方法はそれだけだ、方法がそれしかない、N：〜だけある

- もうバスも地下鉄も終わってしまったので、歩いて帰るしかない。

- 片思い中の彼に彼女ができたので、仕方なく諦めるしかなかった。

- この服を着こなすためには、もう少し痩せるしかないと思う。

- けががひどくて、治すためには手術しかないと言われた。

- この仕事を任せられるのは彼しかいないと思った。

- 大きいサイズしかなかったので、何も買わないで帰った。

1. _____ので、我慢するしかなかった。

2. 忙しくて、_____しかなかった。

3. _____。

会話 A

🎧 mp3

観光案内所で

観光客 すみません、ちょっと お聞きしたい ことがあるんですけど。

案内員 はい。どのようなご用件でしょうか。

観光客 明日一日京都を観光しようと思っているんですけど、お勧めの観光コースがありますか。

案内員 そうですね。京都には有名な観光地がたくさんありますので、一日でたくさん見る には バスツアーがおすすめですよ。

観光客 それはいいですね。どんなバスツアーがありますか。できればたくさんの観光地を回りたいんですが。

案内員 たくさん回れるコース ですと 、こちらのコースはいかがでしょうか。

9時出発で17時に終わります。9カ所の観光地を回れますよ。

観光客 いいですね。出発地がホテルから近いし、時間も都合がいいです。

案内員 それでは、ご予約を承りましょうか。

観光客 はい、お願いします。

案内員 こちらにお名前とご宿泊のホテル、参加人数をご記入ください。それと、このツアーに参加する には 、駅前のバス停に8時50分までに行っていただかなければなりませんので、時間に余裕を持ってお越しください。

観光客 分かりました。バス停に8時50分までにですね。ありがとうございました。

🎧 mp3

単語

仕方なく 어쩔 수 없이 | 手術 수술 | 任せる 맡기다 | 出発地 출발지 | 人数 인원수 | 記入する 기입하다
購入 구입 | 保障 보장 | 穴場 (아직 잘 알려지지 않은) 낚시터 등의 장소 | 湖 호수 | 現地の人 현지인

お聞きする/お伺いする/お尋ねする

- チケット購入についてお聞きしたいことがあるんですが。
- お伺いしたいことがあってお電話をさしあげたんですが、今お時間よろしいでしょうか。
- お尋ねしたいことがあるんですけど、この近くに駅がありますか。
- お客様のお名前とご住所をお伺いしてもよろしいでしょうか。

～ですと

- ソウル駅まで行く地下鉄ですと、1号線と4号線が便利ですよ。
- 小さなお子さんへのプレゼントですと、絵本やおもちゃが人気です。
- あちらの商品ですと、5年間の保証がついております。
- 穴場ですと、この近くにある湖です。現地の人だけに知られている素敵な場所なんです。

～には

- ここから空港に行くには、早くても1時間はかかりそうです。
- 博物館を全部見るには、だいたい二日ぐらい必要です。
- 健康になるには、運動が必要だと分かってはいますが、なかなか難しいです。
- 試験に合格するには、今のまま無計画に勉強してはいけない。

ロールプレイ

ここは韓国にある観光案内所です。日本人観光客と案内員に分かれて会話をしてみましょう。

❶ おすすめの観光地を聞く

❷ おすすめの料理を聞く

❸ おすすめの日帰り観光コースを聞く

❹ 穴場の観光地を紹介してもらう

電話で予約をする

店員　お電話ありがとうございます。居酒屋みどりでございます。

客　　あの、予約したいんですけど。

店員　ありがとうございます。ご希望のお日にちと、人数をお伺いし<mark>てもよろしいでしょうか</mark>。

客　　来週の金曜日、18時に6人で予約をお願いしたいんですが。

店員　かしこまりました。来週の金曜日、18時ですね。確認いたしますので少々お待ちください。

〜 確認後 〜

店員　お待たせいたしました。申し訳ございませんが18時はすでに予約がいっぱいでして…。ご予約可能な時間が19時<mark>しかございません</mark>。

客　　それなら、19時に予約お願いします。それと、女子会コースでお願いできますか。

店員　はい。女子会コースですね。飲み放題はお付けいたしますか。

客　　飲み放題は結構です。<mark>ありがとうございます</mark>。

店員　かしこまりました。では、ご予約を確認させていただきます。11月1日の金曜日、19時に6名様。女子会コースでよろしいでしょうか。

客　　はい。

店員　では、お客様のお名前とご連絡先をお伺いし<mark>てもよろしいでしょうか</mark>。

客　　今井みき、電話番号は080-9999-8787です。よろしくお願いします。

🎧 mp3

単語

希望（きぼう）희망 | 伺う（うかがう）여쭙다('듣다'의 겸양어) | すでに 이미, 벌써 | 女子会（じょしかい）여성 모임 | 飲み放題（のみほうだい）음료 무제한, 마음껏 마심
結構（けっこう）괜찮음, 이제 됐음(정중한 사양) | ○名様（めいさま）○분(인원수를 세는 존경어) | 袋（ふくろ）봉투 | 一杯（いっぱい）한잔

～てもよろしいでしょうか

- 少し質問をしてもよろしいでしょうか。
- お手洗いをお借りしてもよろしいでしょうか。
- こちらにサインをお願いしてもよろしいでしょうか。
- 確認いたしますので、お時間を少々いただいてもよろしいでしょうか。

～は結構です。+ α

- (スーパーのレジで) 入れるものがあるので、袋は結構です。そのままください。
- すみませんが、レシートは結構です。ありがとうございます。
- お腹がいっぱいなのでおかわりは結構です。とてもおいしかったです。
- **A** 今日、一杯どうですか。

  B 今日は結構です。また今度飲みましょう。

◆ 予約時の会話

店員	客
いつのご予約ですか。 いつをご希望ですか。	3日にお願いします。 5時がいいんですけど。
ご希望のお席がございますか。 カウンター席でもよろしいですか。 喫煙席と禁煙席、どちらがよろしいでしょうか。	座敷より、テーブル席がいいんですけど。 できれば、カウンターじゃない方がいいです。 どちらでも構いません。

ロールプレイ

❶ **A** 色々なところに電話をかけて予約をしましょう。例) レストラン、居酒屋、美容院 など

  B あなたは店員です。Aさんに希望の時間、人数、席の種類などを聞きましょう。

❷ **A** 週末あなたの友達の誕生日なので一緒に食事をすることにしました。レストランに予約の電話をかけましょう。また、外の景色がよく見える窓側の席を予約しましょう。

  B あなたはレストランの店員です。窓側の席はとても人気で、Aさんが希望する時間には予約がいっぱいです。時間や曜日を変更すれば予約できることをAさんに説明してください。

03 依頼する

話してみましょう

1 あなたが頼みやすい人、頼みにくい人は誰ですか。

2 最近、どんなことを頼んだり頼まれたりしましたか。

3 頼まれて断りにくいことは何ですか。

チェックポイント

N ➕ はともかく(として)
≒ ちょっとその話は置いておいて

- 外見はともかく、性格や価値観が合う人と付き合いたい。

- 味はともかく、店の雰囲気やインテリアが素敵だった。

- 資格や学歴はともかく、仕事ができる人材が求められる。

- 外国語学習では発音はともかく、話の内容を正確に理解することが大事だ。

- 結果はともかくとして、これまでの努力を認めてあげたい。

- 誰が来るかどうかはともかくとして、早く会議の時間と場所を決めよう。

1. デザインはともかく、＿＿＿＿＿＿＿＿＿＿＿＿＿＿＿＿＿＿＿。

2. ＿＿＿＿＿＿＿＿＿はともかく ＿＿＿＿＿＿＿＿＿＿＿＿が好きです。

3. ＿＿＿＿＿＿＿＿＿＿＿＿＿＿＿＿＿＿＿＿＿＿＿＿＿＿＿。

バイトを代わってもらう(バイト仲間に頼む)

森 林さん、ちょっとお願いがあるんですが。

林 いいですけど、どうしたんですか。

森 すみませんが、明後日のバイトを代わってもらえませんか。

林 明後日だと、水曜日ですか?

森 はい、そうです。ちょっと家の事情で、どうしても 来られ そうにないん です。お願いできますか。もちろん、林さんが代わってほしい日には、私がバイトに入ります。

林 そんな 気にしなくていいですよ。困った時はお互いさまですから。何時から何時までですか。

森 18時から22時までです。

林 その日は授業があるから、18時ギリギリに着くかもしれません。それでも大丈夫ならバイト代わりますよ。

森 そうですか。じゃあ、店長にそう伝えておきます。

林 そうしてくれる と助かります。じゃあ、明後日の18時から22時までですね。

森 はい。ありがとうございます。では、よろしくお願いします。

🎧 mp3

単語

人材 인재 | 事情 사정 | ギリギリ 아슬아슬 | 伝える 전하다 | 最善を尽くす 최선을 다하다
~が手につかない (일, 공부 등)이 손에 잡히지 않다 | この辺り 이 근처, 주변 | 締め切り 마감(날) | 早め 조금 이름
仕上げる 일을 끝내다, 마무리하다

どうしても～そうに(も)ない

- どうしてもこれ以上食べられそうにない。
- 仕事の都合でその日はどうしても出席できそうにもないです。
- どうしてもプレゼンの準備が終わりそうにないが、最善を尽くすつもりだ。
- この先で事故があったみたいで、どうしても間に合いそうにもないです。

◆ 気に関する表現

気にする	他人の目を気にしないで、自分が好きなことをする。
気になる	試合の結果が気になって、仕事が手につかない。
気を使う	お母さん、気を使わないでください。すぐ帰りますから。
気がつく	バスに乗った後で、ケータイがないことに気がついた。
気をつける	この辺りは車が多いですから、車に気をつけてくださいね。

～たら助かる

- すみませんが、もう少し待っていただけたら助かります。
- 木村さんに手伝ってもらえたら助かりますけど…。もう遅いですし…。
- この部分、教えてくれたら助かるんだけど…。
- 締め切りは来週ですが、早めに仕上げてくれたら助かります。

ロールプレイ

❶ A あなたは明日アルバイトがありますが、○○で行けそうにありません。バイト仲間のBさんに事情を話してアルバイトを代わってもらいましょう。

B Aさんにアルバイトを代わってほしい理由を聞いて、答えてください。

❷ A あなたは今日、友達のBさんと発表の準備をするつもりでしたが急用ができました。Bさんに連絡をして日にちを変えてもらいましょう。

B あなたは今日友達のAさんと発表の準備をすることになっていましたが、Aさんから連絡が来て今日は無理だと言われます。あなたはとても困ってしまいます。発表は3日後です。

仕事について教えてもらう(目上の人に頼む)

部下　田中部長、お忙しいところ申し訳ございません。ちょっと今、お時間よろしいでしょうか。

上司　どうしましたか。

部下　田中商事に送る企画書ですが、一度目を通し ていただけないでしょうか。

上司　いいですよ。それで、いつまでに見ればいいですか。

部下　今週の木曜日までに提出する ことになっております ので、お時間がある時で構いません。

上司　そうですか、分かりました。じゃあ、今日の午前中に見ときますね。

部下　すみません。よろしくお願いします。

〜 数時間後 〜

上司　ちょっと、今いいですか。

部下　はい、何でしょうか。

上司　さっきの企画書なんですけど、全体的な内容 はともかく この部分がちょっと。少し分かりにくいから、もっと具体的に書いたらどうですか。例とか、グラフとか入れてみて。

部下　分かりました。この部分ですね。では今から早速修正いたします。ご指摘ありがとうございます。

上司　じゃあ、修正したらまた見ましょうか。

部下　はい!ありがとうございます。

🎧 mp3

単語

企画書 기획서 | 提出 제출 | 具体的だ 구체적이다 | 修正する 수정하다 | 相談に乗る 상담에 응하다
未成年者 미성년자 | 我が社 우리 회사 | 貸し借り 대차, 빌려주고 빌려 받음 | 妊婦 임신부 | 譲る 양보하다

～てもらう/～ていただく

- 今忙しいですか。ちょっと確認をしてもらえませんか。
- すみませんが、相談に乗ってもらえませんか。
- お忙しいところすみません。来月の4日か5日に会っていただけませんか。
- お忙しいところ申し訳ありません。2、3分お時間をいただけませんか。

～ことになっている/～ことにしている

- 法律上、未成年者はタバコとお酒を買えないことになっている。
- 我が社では毎週水曜日は残業をしてはいけないことになっている。
- いくら友達でも、お金の貸し借りをしないことにしている。
- お年寄りや妊婦がいたら席を譲ることにしている。

◆ 目を使った表現

目を通す	さっと、書類に目を通す。
大目に見る	新入社員だから、少しの失敗は大目に見るつもりだ。
目がない	私の祖父は甘い物に目がない。
目が離せない	彼の今後の活躍から目が離せない。
目を丸くする	服の値段を見たら、値段が高すぎて目を丸くした。

ロールプレイ

❶ A あなたは会社員です。親友がハワイで結婚式をすることになり、あなたは結婚式に出席するために10日ほど休暇を取りたいと思っています。上司に頼んでみましょう。

　B あなたは部長です。とても忙しい時期に部下が休暇を取りたいと話し困ってしまいます。部下とよく話して休暇を取らせるか決めてください。

❷ 部下と上司に分かれて色々なことを頼んで見ましょう。

　例) 休暇を取る、早退する など

04 褒める

話してみましょう

1 あなたはよく人を褒めますか。どんな時に褒めますか。

2 最近、どんなことを褒めましたか。

3 もし、あなたが褒められたら相手に何と言いますか。

V(た形) ➕ とたん(に)

≒ ~するとすぐに(予想できないことが)起こった

- 恥ずかしがり屋の彼は、名前を呼ばれたとたんに顔が赤くなった。

- 私を見たとたん、近所の犬が大きな声で吠え始めた。

- 社長が会議室に入って来たとたん、急に静かになった。

- 合コン相手がお金持ちだと分かったとたんに、みんなの態度が変わった。

- 演奏が終わったとたん、観客が一斉に立って拍手を始めた。

- 付き合い始めたとたん、彼の態度が冷たくなった。

1. 家に帰ったとたんに _____ 。

2. _____ とたん、みんなが走り始めた。

3. _____ 。

見えるものを褒める

高田　おはようございます。

吉田　おはようございます。あれ?高田さん…ですよね?

高田　もちろん、私ですよ。髪をばっさり切ったんです。変じゃないですか。

吉田　全然変じゃないです。似合っていますよ。思い切って髪を切ったんですね。素敵です! 雰囲気がだいぶ変わっていたので事務室に入って来たとたん、新入社員が来たのかと思いましたよ。

高田　ありがとうございます。家族にはあまり評判が良くないんですけど…。

吉田　私は長い髪より、短い髪の方が高田さんに似合っていると思います。女優の長井まさみさんみたいで、かわいいです。

高田　ええ。長井まさみさんみたいだなんて。そんなそんな。

吉田　お世辞じゃないですよ。前から何となく顔が似ているなあと思っていたんですけど、髪を切ってさらに近づきました。

高田　朝からそんなに褒めてくれてありがとうございます。お返しに何かあげたいんですけど…大したものじゃないですが、このコーヒーどうぞ。

吉田　いいんですか。ありがとうございます。

∩ mp3

単語

吠える 짖다 | 一斉に 일제히 | 評判がいい 평판이 좋다 | お世辞 아첨, 빈말 | 謙遜する 겸손하다
かわいらしい 사랑스럽다, 귀엽다 | 気が強い 성질이 강하다, 기가 세다 | ささやかなもの 조촐한 것, 변변찮은 것
髪型 헤어스타일 | 自信を持つ 자신(감)을 가지다

褒める<見た目>

- 素敵なネクタイですね。とてもお似合いです。
- 今日のシャツ、柄が格好いいですね。スーツとよく合っていますね。
- 新しいの買ったんですね。デザインがいいですね。
- 素敵なスカーフですね。私も買いたいです。

褒められた後は謙遜する

- **A** 料理がお上手ですね。　　　**B** いえいえ。Aさんほどじゃありませんよ。
- **A** 娘さん、かわいらしいですね。　　**B** ああ見えても、気が強くて大変です。
- **A** 日本語が上手になりましたね。　　**B** いやいや、まだまだです。
- **A** さすがですね。　　　　　**B** いいえ、全然ですよ。

謙遜しながら

- ささやかなものですが、旅行のお土産です。
- お口に合うかどうか分かりませんが、召し上がってください。
- <プレゼントをあげるとき> 気に入っていただけたら、嬉しいです。
- よかったら、みなさんでお召し上がりください。

ロールプレイ

A 褒める人　　**B** 褒められる人

❶ クラスメートの服や持っているもの(ネクタイ、シャツ、時計、カバン)など、いろいろなものを褒めてみましょう。

❷ クラスメートが髪型を変えました。でも本人は似合っていないと思っているみたいです。似合っていると褒めてあげて、自信を持てるようにしてあげましょう。

❸ あなたは上司の家に招待されました。上司、上司の家、家族などを褒めてみましょう。

🎧 mp3

過程や結果を褒める

職員　はい。東京高等学校です。どのようなご用件でしょうか。

学生　3年B組の杉田と申しますが、数学の坂本先生いらっしゃいますか。

〜 坂本先生につなぐ 〜

先生　お電話かわりました。坂本です。

学生　先生、僕、杉田です。受かりました。僕、第一志望の大学に合格しました。

先生　うわー。すごいじゃないですか。杉田君、よく頑張りましたね。

学生　先生が応援してくれたおかげだと思っています。本当にありがとうございます。

先生　いえいえ、杉田君がこれまで頑張ってきた成果ですよ。今まで積み重ねてきた努力が実りましたね。おめでとう。

学生　ありがとうございます。諦めそうになった時、先生が「君ならできる。自分を信じなさい」と励ましてくれた言葉が僕の力になりました。

先生　そんなこともありましたね。杉田君が諦めそうになったのは、確か2年生の時でしたね。

学生　あの時は本当に辛かったです。でも乗り越えることができました。先生ありがとうございます。

先生　私は応援しただけで頑張ったのは杉田君本人ですよ。本当におめでとう。

単語　　🎧 mp3

○組 ○조, ○반 l 第一志望 제1지망 l 成果 성과 l 積み重ねる 겹쳐 쌓다, 거듭하다
努力が実る 노력이 결실을 맺다 l 諦める 포기하다, 체념하다 l 力になる 힘이 되다 l 本人 본인
無駄だ 소용없다, 쓸데없다 l 衝撃を受ける 충격을 받다 l 体を壊す 몸(건강)을 해치다

リアクションをする

- うわー。こんなに高いんですか。こんなの絶対に買えませんよ。<驚き>
- へえー。5年も住んでいたから、彼はあんなに日本語が上手なんですね。<納得>
- おー。これを使えば料理が楽になりますね。<関心>
- え？ あの二人、以前付き合っていたんですか。信じられません。<意外>

褒める<過程・結果>

- すごいじゃないですか。毎日、毎日、休まないで運動していて。
- 結果は残念だったけど、この努力は絶対に無駄にはなりませんよ。
- 最後までよく頑張りましたね。おめでとうございます。
- これまでの努力が実りましたね。君ならできると思っていました。

〜のは〜時だった

- 彼女に初めて会ったのは、大学の入学式の時でした。つまり、10年前ですね。
- 日本語の勉強を始めようと思ったのは、初めて一人で日本に行った時でした。
- この映画を見たのは高校生の時だったけど、その時強い衝撃を受けたよ。
- 転職しようと考え始めたのは、体を壊して入院した時でした。

ロールプレイ

❶ **A** あなたは念願だった大学に合格できました。これまで応援してくれた両親に報告しましょう。

  B あなたの子供が大学に合格しました。これまでの過程を褒めてあげましょう。

❷ **A** あなたは上司です。あなたの部下Bさんが初めて責任者としてプロジェクトに参加し、無事にプロジェクトが終わりました。部下の努力を褒めてあげましょう。

  B あなたは初めて責任者としてプロジェクトに参加しました。無事に終わりましたが、自分ではまだ仕事が上手にできなかったと思いあまりいい気分ではありません。

05 相談する

ポイント　「V(基本形·可能形)」ものなら

話してみましょう

1 誰にどんな相談をしますか。

2 あなたはこれまで、どんな相談に乗ったことがありますか。

3 日本語に関する悩みがありますか。

チェックポイント

V(基本形・可能形) ✚ ものなら

≒ (無理だと分かっているが)もしできるなら…したい

- 言えるものなら上司に文句が言いたい。

- 息子が風邪を引いた。かわってあげられるものなら、かわってあげたい。

- 叶うものなら、いつか夫婦で世界一周旅行に行ってみたい。

- やり直せるものなら、大学受験の日に戻ってもう一度受験したい。

- 自分の会社が作れるものなら作ってみろ。

- やれるものなら、やってみろ。お前なんかに負けないぞ。

1. できるものなら＿＿＿＿＿＿＿＿＿＿＿＿＿＿＿＿＿＿＿＿＿＿＿＿＿＿＿。

2. 日本語がうまく話せるものなら、＿＿＿＿＿＿＿＿＿＿＿＿＿＿＿＿＿＿＿。

3. ＿＿＿＿＿＿＿＿＿＿＿＿＿＿＿＿＿＿＿＿＿＿＿＿＿＿＿＿＿＿＿＿＿＿。

🎧 mp3

仕事の悩みを相談する

パク　お疲れ様です。

部長　お疲れ様です。まだ、帰っていなかったんですか。

パク　はい。部長、ちょっとお時間よろしいですか。実は相談に乗っていただきたいことがあるんですが。

部長　いいですけど、何かありましたか。

パク　最近、仕事がうまくいかなくて悩んでいるんです。どうしたら部長みたいに仕事がうまくできるようになるのか知りたくて。

部長　私もパク君くらいの頃には、仕事なんてできませんでしたよ。心配しなくてもそのうちできるようになりますよ。

パク　それならいいんですけど。全然うまくいかなくて、どうしたらいいか分からなくなってしまって。もう辞めた方がいいのかなと思っていて。

部長　そうでしたか。パク君は入社してどのくらいですか。

パク　今年で入社して、3年になります。

部長　まだ3年じゃないですか。これから先まだ長いんですし、自分のペースでゆっくり一歩一歩進んだらいいですよ。ちょっと疲れたと思うなら少し休暇を取ってみたらどうですか。

パク　いいんですか。こんな忙しい時期に。休めるものなら休みたいですが…。

部長　もちろんですよ。社員の健康が一番ですから。

🎧 mp3

単語

叶う 이루어지다 ｜ やり直す 다시 하다 ｜ ～頃 ~때, ~시절 ｜ 一歩一歩 한걸음 한걸음 ｜ 進む 나아가다
休暇を取る 휴가를 얻다 ｜ 渋滞 정체, 밀림 ｜ 日々 매일, 나날이 ｜ 昇進 승진 ｜ 咳 기침 ｜ 慰める 위로하다
気にする 신경 쓰다, 걱정하다

～て～(期間)

- 日本語の勉強を始めて、もう4年になります。
- 彼女を待って30分も経つがまだ来ない。何かあったのかも知れない。
- 渋滞で車が止まって1時間以上、全然前に進まない。
- 転職しようと決めて半年が経ったが、なかなか転職先が決まらず困っている。

どうしたら～か

- どうしたらそんなにきれいになれるか、教えていただきたいです。
- どうしたらパンが美味しく作れるか、日々研究しています。
- どうしたら昇進できるかもう分かりません。
- どうしたらそんなに日本語が上手になるのか、知りたいです。

～てみたらどうですか

- もう少し、しっかり仕事をしてみたらどうですか。
- これすごくいいよ。一度、使ってみたらどう。
- **A** 風邪ですか。

  B 1週間ぐらい、咳が止まらないんです。

  A 咳が止まらないなら、一度病院に行ってみたらどうですか。

◆ 慰める時の表現

大丈夫ですよ、うまくいきますよ、頑張りすぎなくてもいいんですよ、気にすることないと思います、よくあることです、元気を出してください

ロールプレイ

① 上司と部下に分かれて会話をしましょう。そして上司は部下の仕事の悩みを聞いて、アドバイスをしてあげてください。悩みの例) 仕事が覚えられない、仕事のミスが多い など
② 生徒と先生に分かれて会話をしましょう。そして先生は生徒の勉強や就職の悩みを聞いて、アドバイスをしてあげてください。

会話 B

🎧 mp3

父の日のプレゼント

中嶋　もう、6月ですね。

内田　そうですね。今年も半分が過ぎましたね。だんだん一年が過ぎるのが早くなっていく気がします。

中嶋　そうですね。6月と言えば、何が思い浮かびますか。

内田　えーっと。梅雨、ジューンブライドくらいですかね。どうしてですか。

中嶋　何か重要な日を忘れていませんか。

内田　あっ、父の日がありましたね。

中嶋　どんなものをあげるか決めましたか。

内田　毎年、ネクタイをあげています。中嶋さんは？

中嶋　実はどんなものをあげたらいいか分からなくて、いつもあげてないんです。今年こそは何かあげたいと思っているんですけど、どんなプレゼントが喜ばれると思いますか。

内田　そうだったんですね。お父さんは何か趣味とか好きなものとかありますか。

中嶋　趣味は特にないんですけど、ビールが好きですね。

内田　それならお父さんが好きな銘柄のビールと手紙なんかはどうですか。

中嶋　好きなビールの銘柄までは分からないんですが、母親に聞いてみて買おうと思います。相談に乗ってくれてありがとうございます。

🎧 mp3

単語

思い浮かぶ 떠오르다 | 梅雨 장마 | ジューンブライド 6월의 신부(June bride) | 喜ぶ 기뻐하다
銘柄 상표(특히 일류 상품의 명칭) | 豊富だ 풍부하다 | わざわざ 일부러 | お見舞い 문안, 문병
役に立つ 도움이 되다 | 遠距離恋愛 장거리 연애

～なんか

- お客様、こちらなんかいかがですか。最近入荷したばかりの新商品なんですよ。
- 今年はプログラミングや英語なんかにチャレンジしたいです。
- オレンジなんかのフルーツはビタミンCが豊富で健康にいいですよ。
- 来週は母の日だから、みんなでホテルで食事なんかどう？

～てくれてありがとうございます

- お忙しいのにわざわざお見舞いに来てくださってありがとうございます。
- この間は仕事を手伝ってくれてありがとうございました。おかげで締め切りに間に合いました。
- この前は本を貸してくれてありがとうございました。とても役に立ちました。
- 今日は誘ってくれてありがとう。とても楽しかったよ。

相談に乗ってもらいたい時に使う表現

- ちょっと話を聞いてほしいんですけど。いつ時間がありますか。
- 遠距離恋愛中の彼女とうまくいっていなくて、聞いてもらいたいことがあるんですけど。
- 日本語の単語を覚えても覚えても、すぐに忘れて困っているんです。どうすればいいと思いますか。
- 息子が勉強をしないでゲームばかりして悩んでいるんですけど。何かいい方法がありますか。

ロールプレイ

❶ A もうすぐあなたは日本の取引先に出張に行く予定ですが、お土産に何を持って行けばいいか悩んでいます。出張の経験が豊富な先輩のBさんに相談しましょう。

   B あなたはAさんの先輩です。何度も海外出張に行ったことがあります。Aさんの話を聞いてどんなお土産を持って行けば喜ばれるかアドバイスしましょう。

❷ A もうすぐあなたの恋人の誕生日ですが、何を買えばいいか分かりません。デパートの店員に相談をしましょう。

   B あなたはデパートの店員です。Aさんの話を聞いてアドバイスをしましょう。

06 苦情、クレームを言う

ポイント

1 「V(基本形)、Nの」限り：限界

2 「V(基本形・ない形・〜ている)、いA(基本形)、なA(〜な)、Nである」限り：範囲

話してみましょう

1 あなたはクレームを言ったことがありますか。

2 苦情を言う時、どんなことに気をつけていますか。

3 これまでで一番、店員の反応がひどかったと思う店はどこですか。

チェックポイント

1

V(基本形)
Nの

+ 限り

⋯⋯⋯⋯⋯⋯⋯⋯⋯⋯⋯⋯⋯⋯⋯⋯⋯⋯⋯⋯⋯⋯⋯⋯⋯⋯⋯⋯

≒ ～の限界まで、できるところのギリギリまで

- できる限りのことはしたので、もし失敗したとしても後悔はないはずだ。
- 兄に持てる限りの荷物を持ってもらった。
- あなたを命の限り愛することを誓います。
- チームを代表して、力の限り戦いたいと思います。

1. できる限り _____。

2. 力の限り、_____。

2

V(基本形・ない形・～ている)
いA(基本形)
なA(～な)
Nである

+ 限り

⋯⋯⋯⋯⋯⋯⋯⋯⋯⋯⋯⋯⋯⋯⋯⋯⋯⋯⋯⋯⋯⋯⋯⋯⋯⋯⋯⋯

≒ ～する間はずっと、～の状態が続く間はずっと

- タバコを吸う限り、肺がんになるリスクが高くなる。
- 諦めない限り、夢は必ず叶うと信じている。
- 私の性格が暗い限り、友達はできないだろう。
- 元気な限り、仕事はするべきだと思う。
- 社会人である限り、自分の仕事には責任を持たなければならない。

1. 私が知っている限り、_____。

2. _____ 限り、_____ と思う。

ネットショッピングでのクレーム

オペレーター(以下オペ)　お電話ありがとうございます。

中嶋　もしもし。すみません。先日、服を注文したんですが。

オペ　いつもご利用いただき、ありがとうございます。

中嶋　商品を確認してみたら、ジャケットの裾の部分がほつれているんですけど。

オペ　大変申し訳ございません。それではすぐに新しいものと交換させていただきます。交換の手続きですが、今持っていらっしゃる商品をこちらに着払いでお送りください。商品がこちらに着き次第、新しいものをお送りさせていただきます。

中嶋　え?じゃあ、いつ新しいものが届くんですか。

オペ　今日お送りいただければ明後日こちらに着くと思いますので、お客様のところに届くのは5日後ぐらいだと思います。

中嶋　どうしてくれるんですか。明後日、着ようと思って買ったのに。

オペ　ご迷惑をおかけして大変申し訳ございません。こちらに商品が届きましたらすぐ新しいものを配送させていただきます。5〜6日で届きますので少々お待ちいただけますでしょうか。

中嶋　明後日、着ようと思っていたってさっき言いましたよね?

オペ　大変申し訳ございませんが、交換の場合はお時間が少々かかります。ご了承ください。

単語　🎧 mp3

命 목숨 | 戦う 싸우다 | オペレーター 오퍼레이터, 전화 상담원 | 裾 옷자락(아랫단)

ほつれる 풀리다, (꿰맨 자리가) 터지다 | 交換 교환 | 手続き 수속, 절차 | 着払い 착불 | 迷惑をかける 폐를 끼치다

叔母 숙모, 고모, 이모 | 取り替える 바꾸다, 교환하다

大変申し訳ございません/～て申し訳ない

- 大変申し訳ございません。今すぐ、新しいものをお持ちします。
- 叔母には、いつも世話になっていて申し訳ないと思っている。
- ご迷惑をおかけして大変申し訳ございませんでした。
- 休みなのに出勤させて申し訳ない。君じゃないとこの仕事が処理できなくて。

～させていただく

- これから発表させていただきます。
- 結婚されるんですか。結婚式には喜んで出席させていただきます。
- 今日はちょっと体調が悪いので、早退させていただけますか。
- 明日の午後4時にそちらに伺わせていただきます。

◆ 苦情やクレーム関連の単語

傷がある	しみがある	不良品
穴が開いている	汚れている	ほつれている
返品する	交換する	払い戻しする

ロールプレイ

❶ A あなたがネットショッピングで一週間前に購入した商品がまだ届きません。電話をかけて苦情を言いましょう。

B あなたはオペレーターです。Aさんが購入した商品は大変人気で発送が遅れています。そのことを丁寧に話し対応しましょう。

❷ A あなたは昨日デパートで服を買いましたが、家に帰って確認してみると少し汚れていました。店員に話し、新しいものと取り替えてもらってください。

B あなたは店員です。Aさんが服を取り替えてほしいと話していますがレシートを持っていません。取り換えができないことを丁寧に説明しましょう。

ホテルのフロントへ苦情

係員　フロントでございます。

客　　もしもし、すみません。14階なんですけど、子供たちが廊下で走り回っていて…。もう遅い時間なので…すみませんが、注意してもらえませんか。

係員　そうですか。大変申し訳ございません。すぐに対応させていただきます。

～ しばらく経って ～

客　　もしもし。上の部屋から「ドンドン」って音がします。もう30分ぐらいずっとうるさいんですけど。すぐにやめるように言ってもらえませんか。

係員　大変申し訳ございません。すぐにやめてもらえるようにお願いいたします。

～ 数分後 ～

客　　あの、しばらく静かになったと思ったら、また「ドンドン」って音がしてうるさいです。何とかしてもらえませんか。こんなうるさい部屋じゃ寝られません。

係員　お客様、誠に申し訳ございません。それでは至急、新しいお部屋をご準備させていただきます。

客　　そこまでしなくてもいいですけど…。変えてくれるなら、お願いします。

係員　新しいお部屋のご準備ができましたら、お部屋に伺いますので少々お待ちください。

単語　🎧 mp3

廊下 복도 | 走り回る 뛰어다니다 | 対応する 대응하다, 대처하다 | しばらく 잠깐 | ドンドン 쿵쿵
ボリューム 음량(volume) | 足音 발소리

苦情を言う時に使う表現

すみませんが～てもらえませんか、～てもらえるとありがたいんですが

- すみませんが、コップが汚れているのでかえてもらえませんか。
- すみませんが、音楽のボリュームを下げてもらえませんか。
- もう少し静かにしてもらえるとありがたいんですが…。
- 料理が冷めているので、温めてもらえるとありがたいんですが…。

音・声・におい・香り・味がする

- 誰もいないはずなのに、どこからか足音がします。
- 遠くで誰かが話している声がします。
- 台所からおいしそうなにおいがします。
- ミカさんが通った後はシャンプーのいい香りがします。
- この水はレモンの味がして、おいしいです。

こんな～

- こんな大変な仕事だとは思いませんでした。
- こんな素敵なホテルに泊まれるなんて、夢みたいです。
- いい人だと思っていたのに。彼がこんな悪い人だとは知らなかった。
- こんな広い部屋なのに、思ったより家賃が安いですね。

ロールプレイ

❶ A あなたはホテルに宿泊しています。フロントに電話をかけ苦情を言いましょう。

　 B あなたはホテルの従業員です。Aさんの苦情に丁寧に対応しましょう。

　　 例) エアコンが壊れている、隣の部屋がうるさい、何か変なにおいがする など

❷ A あなたは飲食店に来た客です。注文して30分が経つのに料理が運ばれて来ません。店員に苦情を言いましょう。

　 B あなたは店員です。Aさんから苦情を言われます。怒っているAさんに対応してください。

07 希望を言う

ポイント 「V(普通形)、いA(基本形)、なA(〜だ・〜な)、N」どころか

話してみましょう

1 あなたが住んでみたい場所はどこですか。

2 あなたが住みたいと思う家はどんな家ですか。

3 外国で美容院に行ったことがありますか。

チェックポイント

V(普通形)
いA(基本形)
なA (〜だ・〜な) **+** どころか
N

. . . .

≒ 〜とは反対に

- 医者に出された薬を飲んだのに、症状が良くなる**どころか**悪くなっている。

- 景気が悪くて儲かる**どころか**、損ばかりしている。

- **A** Bさんのお母さん、とても優しそうな方ですね。

  B 優しい**どころか**、厳しすぎます。すぐ怒るし、鬼のような母です。

- 彼の部屋は、きれい(きれいな)**どころか**足の踏み場もなかった。

- 日本に来てもう3年になるのに、漢字**どころか**カタカナも書けない。

- **A** 休暇はどうでしたか。休めましたか。

  B 休めた**どころか**、毎日家事で忙しかったです。

1. 忙しすぎて＿＿＿＿＿＿＿どころか＿＿＿＿＿＿＿＿＿もできない。

2. 海外旅行どころか＿＿＿＿＿＿＿＿＿＿＿＿＿＿＿＿＿＿＿。

3. ＿＿＿＿＿＿＿＿＿＿＿＿＿＿＿＿＿＿＿＿＿＿＿＿＿。

不動産屋で部屋を探す

店員　いらっしゃいませ。どのようなお部屋をお探しですか。

客　　ワンルームを探しているんですが、できれば駅近くがいいです。それと家賃は8万円ぐらいを考えています。

店員　駅近くでそのご予算ですと、そうですね…。2つ程いいお部屋がございます。

客　　どんな部屋ですか。

店員　一つ目は駅から徒歩5分なのでとても通勤しやすいところにあります。ただ、家賃が9万円なので少し予算をオーバーしてしまいますが…。(写真を見せながら)こちらのお部屋です。

客　　きれいな部屋ですね。でも、今の部屋に比べて少し狭くて荷物が全部入るか心配です。

店員　収納スペースが多いので大丈夫だと思いますよ。二つ目の部屋は駅から徒歩15分ですが、南向きの部屋で先ほどのお部屋より広めですよ。

客　　(写真を見ながら)うわー。いいですね。さっきの部屋に比べてとても広いですね。それに南向きなら日当たりもよさそうですし。ちなみに家賃はいくらですか。

店員　敷金礼金なしで、家賃7万5千円です。

客　　7万5千円ですか。この広さにしては安いですね。でも駅から15分か…。駅から近い方が通勤が楽なので、一つ目の部屋の方がいいんですけど予算がちょっと…。

店員　分かりました。じゃあ、大家さんに電話してもう少し安くできるか交渉してみます。

🎧 mp3

単語

| 儲かる 벌다 | 鬼 귀신, 도깨비 | 予算 예산 | 徒歩 도보 | 収納スペース 수납공간 | 南向き 남향 |

日当たり 햇볕이 듦, 채광 | 敷金 보증금 | 礼金 (집주인에게 내는) 사례금 | 大家さん 집주인 | 寿命 수명 | 当然 당연

〜に比べて

- 男性に比べて、女性の方が寿命が長いそうだ。
- 去年に比べて、店の売り上げが30%も増えた。
- 都市に比べ、田舎の方が土地の値段が安いのは当然だ。
- 以前、会った時に比べて息子の表情が大人っぽくなったと思う。

〜にしては

- 小学生にしては難しい単語をよく知っている。
- 8月にしては、涼しい方だと思う。
- **A** キムさんは日本で大学を出たらしいですよ。

  B それにしては、日本語があまり上手じゃないですね。

◆ 部屋探しに使う単語

物件	駅から近くて、安くて、きれいな物件を探すのは難しすぎる。
契約	部屋の契約をするときは必ず印鑑を持ってきてください。
一戸建て	一戸建てもマンションも良いところと悪いところがある。
ベランダ	この部屋はベランダから海も山も見えて最高だ。
○畳	6畳のワンルームなので大きいベッドを置いたら部屋が狭くなる。
床	床はフローリングより、畳が好きです。

ロールプレイ

❶ **A** あなたは一人暮らしを始めたいと思っています。不動産屋に行きあなたの希望(予算、場所、広さ など)の部屋について話し、いい物件を探しましょう。

B あなたは不動産屋の社員です。お客さんのAさんの希望に合う部屋を紹介しましょう。

❷ **A** あなたは今住んでいる部屋が気に入らないです。不動産屋に行って引っ越し先を決めましょう。今の部屋の気に入らないところを店員に話し満足できる部屋を探しましょう。

B あなたは不動産屋の社員です。Aさんが話す条件が厳しすぎてあなたが部屋を紹介しても気に入ってくれません。Aさんを納得させて部屋の契約をしてもらいましょう。

**会話 B**

🎧 mp3

美容院で希望の髪型を話す

美容師　今日はどうなさいますか。

客　　　カットをお願いしたいんですけど。

美容師　かしこまりました。どのぐらい切りましょうか。

客　　　髪を伸ばしているので長さは変えないで、そろえる程度にしてください。
　　　　あと毛先の傷んでいるところも切ってください。

美容師　分かりました。長さは変えないで毛先だけ切っていきますね。

客　　　それと、髪の量が多いせいか重く見えるので軽くしてほしいです。

美容師　そうですね。髪が伸びて重い感じがするので少し軽くしていきますね。

客　　　はい、お願いします。

〜 髪を切りながら 〜

美容師　前髪はどうなさいますか。切りますか。

客　　　はい。切ってください。長さはまゆ毛が隠れるぐらいにしてください。

美容師　このぐらいでよろしいでしょうか。

客　　　そうですね。もう少しだけ短くしてください。それから、少しすいてください。

美容師　分かりました。こんな感じでいかがですか。とてもお似合いですよ。

客　　　長さをそろえただけなのに、とてもすっきりしました。ありがとうございました。

🎧 mp3

単語

伸ばす 기르다 | そろえる 정돈하다, 손질하다 | 毛先 모발 끝 | 傷む 상하다 | 量 양 | 感じ 느낌 | 前髪 앞머리
隠れる 숨다 | すく 머리숱을 치다 | ばっさり 싹둑 | 全く 완전히, 정말 | イメチェン 이미지 변신

**140** すくすく 日本語 会話 3

◆ 各部分の単語

トップ ─── 分け目
前髪 ─── サイド
毛先

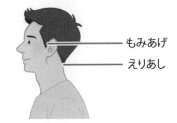

もみあげ
えりあし

◆ 注文時に使う表現と髪型の種類

すく	前髪を少しすいて軽くしてください。
軽くする	全体的に重い感じがするので、軽くしてほしいです。
段をつける(入れる)	トップにボリュームを出すために段を入れましょう。
カット	今日はカットをお願いします。
染める	髪を染めたいんですけど、夏なので明るめにしてください。
パーマをかける	パーマからストレートに戻すためにストレートパーマをかける。
髪型の種類	ショート、ボブ、セミロング、ロング、ツーブロック、モヒカン など

～ぐらい

- えりあしは首にかかるぐらいがいいです。
- 前髪はまゆ毛が見えるぐらいの長さでお願いします。
- サイドは耳にかからないぐらいがお客様には似合うと思います。
- ばっさり切りたいので、肩の上ぐらいまで切ってもらいたいです。

ロールプレイ

❶ A あなたは今の髪型とは全く違う髪型にイメチェンしたいです。美容師にどんな髪が自分に似合うか聞いてみましょう。

 B あなたは美容師です。Aさんに合う髪型について話してあげましょう。

❷ A あなたは美容院に来た客です。なりたい髪型を美容師に話してください。

 B あなたは美容師です。前髪、サイド、えりあしなどどのぐらいの長さにするかお客さんであるAさんに確認しましょう。

08 伝える

ポイント 「V(ます形)、N(動作性名詞)」次第

話してみましょう

1 あなたは自分自身の気持ちをよく言葉で伝えますか。

2 あなたが一番伝えにくい言葉は何ですか。

3 伝言を受ける時、注意することには何がありますか。

> **V(ます形)**
> **N(動作性名詞)** ＋ 次第
>
> ··
> ≒ 〜たらすぐ

- 参加者が集まり次第、本日のセミナーを始めさせていただきます。

- 落し物が見つかり次第、お客様にご連絡をさしあげます。

- 今後、台風の詳しい情報が分かり次第、お伝えいたします。

- 確認次第、部長にご報告いたします。

- 空港に到着次第、タクシーに乗って取引先に向かいます。

- サンプルが完成次第、そちらにお送りいたします。

1. ＿＿＿＿＿＿＿が終わり次第＿＿＿＿＿＿＿＿＿＿＿＿＿＿＿。

2. 時間ができ次第、＿＿＿＿＿＿＿＿＿＿＿＿＿＿＿＿＿＿。

3. ＿＿＿＿＿＿＿＿＿＿＿＿＿＿＿＿＿＿＿＿＿＿＿＿＿。

会話 A 🎧 mp3

バイトを辞めたいと店長に伝える

パク　お疲れ様です。

　　　店長、お話ししたいことがあるんですが。お時間よろしいですか。

店長　話したいことは何ですか。では、外に出て話しましょうか。

＊＊＊

店長　ところで、話ってなんですか。

パク　実は最近、勉強とバイトの両立が難しくなってきたんです。今、大学四年生
　　　なので卒業論文を書いているんですが、このままじゃ終わりそうになくて。

店長　それはよくないですね。

パク　それで学業に集中したいと思っているんです。

店長　バイトの時間を減らしてほしいということですか。

　　　それとも、辞めたいっていうことですか。

パク　すみませんが、今月まででバイトを辞めさせてもらえませんか。

店長　分かりました。学生は勉強が一番大事ですから。でもできれば、来月の
　　　一週目まで仕事をしてもらえませんか。今、上野さんがケガをしていてバイ
　　　トに出られない状況なんです。

パク　そうなんですか。では、来月の最初の週まで頑張ります。

店長　いえ、こちらこそよろしくお願いします。

単語 🎧 mp3

落し物 분실물 ｜ 向かう 향하다 ｜ 両立 양립 ｜ 卒業論文 졸업 논문 ｜ 学業 학업 ｜ 減らす 줄이다 ｜ 状況 상황
延期する 연기하다 ｜ 打ち合わせ 회의 ｜ 変更する 변경하다 ｜ 週明け 새로운 한 주가 시작됨 ｜ シフト 교대 근무 시간

伝える前に使う表現

- 部長、今お時間いただけますでしょうか。

- 上田くん。今時間ある?ちょっと話があるんだけど。

- 少々、お時間をいただいてもよろしいでしょうか。

- ねえ、空いてる時間ある?ちょっと話さない?

～ってことですか/～ということですか/～という意味ですか

- 試合を延期するってことですか。

- つまり、学校を辞めたいってこと?

- 打ち合わせの時間を10時から11時に変更するということですか。

- 彼が嘘をついているという意味ですか。

できれば

- できれば、今日中にこの書類を完成させてほしいんですが。

- **A** いつまでに送ればいいですか。　　**B** できれば、週明けまでには送ってほしいです。

- できれば、自分の専攻を生かせる仕事がしてみたい。

- できれば、休みの日は家から出たくない。

ロールプレイ

❶ **A** あなたは大学生で、平日も週末もアルバイトをしています。でも、来月は期末試験があるので平日はバイトをしないで週末だけバイトをしたいと思っています。そのことを店長に伝えましょう。

　B あなたは店長です。Aさんが試験のためにシフトを調整してほしいと話しています。しかし最近忙しいので困ってしまいます。Aさんとよく話してみましょう。

❷ **A** あなたは大学生ですが、夢のために大学を辞めたいと思っています。親にそのことを伝えましょう。

　B あなたの子供が歌手になりたいという夢を叶えるために学校を辞めたいと話しています。どうして辞めたいのか聞いた後で、あなたの意見を話しましょう。

会社での伝言(目上の人へと電話)

山本	大変お待たせいたしました。上田商事でございます。
山崎	いつもお世話になっております。田中商事の山崎と申しますが、購買部の中田部長はいらっしゃいますか。
山本	申し訳ございません。中田はあいにく、会議中でして…。
山崎	そうなんですね。それで、ケータイにかけても繋がらなかったんですね。
山本	申し訳ございません。4時に会議が終わる予定ですが、会議が終わり次第こちらからご連絡いたしましょうか。
山崎	はい、そうしていただけると助かります。できれば、5時までにお願いします。
山本	かしこまりました。恐れ入りますが、お電話番号をお伺いしてもよろしいでしょうか。
山崎	03-7894-7894です。
山本	ありがとうございます。それでは復唱します。03-7894-7894、田中商事の山崎様でいらっしゃいますね。会議が終わり次第、中田にお伝えいたします。
山崎	お願いいたします。
山本	かしこまりました。私、山本が承りました。では、失礼いたします。

***

山本	中田部長、先ほど田中商事の山崎様という方から、お電話がありました。5時までに折り返し電話してほしいとのことです。
中田	分かった。ありがとう。

🎧 mp3

単語

商事 상사 | 購買部 구매부 | 繁がる 연결되다, 이어지다 | 復唱 복창(남의 말을 그대로 받아서 다시 욈)
承る 삼가 듣다, 삼가 받다 (겸양) | 品切れ 품절 | 消費税 소비세 | 営業 영업

～でして/～まして

- こちらの商品はただ今、品切れ中でして…。
- 佐藤は今電話中でして、後ほどご連絡をさしあげてもよろしいでしょうか。
- うちの子が失礼なことをしてしまいまして、大変申し訳ございませんでした。
- 急な用事が入ってしまいまして、会議を1時間ほど遅くしていただけないでしょうか。

◆ よく使われるビジネス敬語

基本	敬語	基本	敬語
すみません	申し訳ございません	知りません	存じません
すみませんが	恐れ入りますが	できません	いたしかねます
分かりました	かしこまりました	どうしますか	いかがなさいますか

◆ 伝聞表現のまとめ

～そうだ	ニュースによると、消費税が上がるそうです。
～らしい	今日の夕方から雨が降り始めるらしい。
～と聞いた、～と言っていた	第2、第4土曜日は営業をしないと聞きました。
～という	来年の夏に、隣の町にデパートができるという。
～ということです	このまま調子がよければ、来週退院ができるということです。
～とのことです	課長はインフルエンザでお休みするとのことです。
～って	中井さんの就職が決まったって。

ロールプレイ

❶ A あなたは会社員です。事故で電車が止まってしまい遅刻しそうです。会社に電話をかけて遅れることを伝えましょう。

　B あなたはAさんの上司です。Aさんが事故のせいで遅刻をするそうです。何時ごろ出社できるのか確認してください。

❷ A 来週の木曜日に会議をする予定ですが、急な用事ができ会議の日時を変更したいと思っています。相手の会社に電話をかけて会議の日程と時間を変更してもらいましょう。

　B Aさんが会議の日程を変えてほしいと話しています。会議の日時を変更しましょう。

09 謝る

ポイント 「V(普通形)、Nである」以上(は)

話してみましょう

1 最近、ケンカをしましたか。

2 あなたは謝ることが苦手ですか。

3 あなたはケンカをしたらどうやって仲直りをしますか。

V(普通形)
Nである　　**＋**　　以上(は)

≒ という状況だから当然、必ず

- 海外で仕事をする以上、語学力は必要だ。

- 弁護士になると決めた以上、何がなんでもなってみせる。

- 契約書にサインをした以上は、会社の規則に従ってください。

- 彼がこの仕事をしない以上、私がするしかない。

- 教師である以上は、生徒の見本にならなければならない。

- 学生である以上、学業に専念しなければならない。

1. 約束した以上＿＿＿＿＿＿＿＿＿＿＿＿＿＿＿＿＿＿＿＿＿＿＿。

2. ＿＿＿＿＿＿＿＿＿＿と決めた以上、＿＿＿＿＿＿＿＿＿＿＿＿＿。

3. ＿＿＿＿＿＿＿＿＿＿＿＿＿＿＿＿＿＿＿＿＿＿＿＿＿＿＿＿＿。

会話 A

🎧 mp3

友達に謝る

さつき　めぐみちゃん、ちょっと話があるんだけど、今時間大丈夫?

めぐみ　今?うん。大丈夫だけど、どうしたの急に?

さつき　あのね、実は…。めぐみちゃんから借りた小説をなくしちゃったんだ。本当にごめん!

めぐみ　え?この間、貸した小説のこと?確か昨日、学校で読んでいた**よね**。

さつき　うん…。昨日、授業が終わってから市役所に行ったんだ。

　　　　その時は**確かに**かばんの中にあった**はず**なんだけど、家に帰ってかばんの中を見てみたらなくて。**私の不注意で…**。**本当にごめん**。

めぐみ　そんなに謝らないで。大丈夫だから、気にしないで。

さつき　ありがとう。それで昨日ネットでその小説を探してみたんだけど、どこも売っていなくて…。あの小説、どこで買ったの?

めぐみ　あの小説は古本屋で買ったんだ。結構古いものだから、なかなか売っていないかも。

さつき　そうだったんだ。どうしよう…。今日、授業が終わったら古本屋に行って探してみるね。隣町に大きい古本屋があるみたいだから、そこに行ってみる。

めぐみ　わざわざ探しに行かなくても、大丈夫だよ。

さつき　ダメだよ。ちゃんと返さなきゃ。あそこは大きい店だからあると思うんだ。

めぐみ　私も今日は時間があるから、一緒に探しに行こう。

さつき　ありがとう。次からはなくさないように、気をつけるね。

🎧 mp3

単語

契約書 계약서 | **規則に従う** 규칙에 따르다 | **見本** 본보기 | **専念する** 전념하다, 마음 붙이다 | **謝る** 사과하다
市役所 시청 | **古本屋** 헌책방 | **○○生まれ○○育ち** ○○출신(출생지와 자란 곳) | **見当たらない** 찾을 수 없다, 보이지 않다 | **謝罪** 사죄 | **不注意** 부주의

〜よね

- ゆみさんの趣味は登山でしたよね。最近も山に登っていますか。
- 部長は今月韓国に出張のご予定ですよね。出張のスケジュールはもう決まりましたか。
- 先輩は大阪生まれ、大阪育ちでしたよね。どこかいいところを紹介してくれませんか。
- これからは約束の時間をきちんと守るって言ってたよね。

確かに〜はず

- 確かに机の引き出しにメガネを入れたはずなんだけど…。
- さっきの授業までは確かにポケットの中にケータイがあったはずなのに…。
- 確かに今日の午前に荷物が届くはずだと言っていたけど来ない。
- 昨日まで確かにここに書類があったはずなんだが、見当たらないな。

謝罪を始める時の表現	謝る時の表現
- 謝りたいことがあります。 - 怒らないで聞いてください。 - 言いにくいんですが…。 - 気分を悪くしないでください。 - 聞いたら怒るかもしれませんが…。	- 私の不注意/間違い/誤解だった。 - ごめんなさい。 - どうもすみません。 - 申し訳ありません。 - 申し訳ございません。

ロールプレイ

❶ A 明日は親友のBさんの誕生日会ですが急に行けなくなったのでBさんに謝ってください。
　　そして行けなくなった理由も話しましょう。

　B 明日はあなたの誕生日会がありますが、仲のいいAさんが来られないと話しています。
　　あなたはとても残念に思っています。

❷ A あなたは友達との約束を忘れて家で休んでいましたが、Bさんから連絡が来て今日の約
　　束を思い出しました。今から出かけてももう遅いです。Bさんにきちんと謝りましょう。

　B 待ち合わせ場所にAさんが来ません。Aさんに電話をかけてみましょう。

ビジネスでの謝罪(電話で)

高木　いつもお世話になっております。上田商事の高木と申しますが、企画部の上野さんはいらっしゃいますか。

上野　こちらこそお世話になっております。高木課長。上野です。

高木　書類の件でお電話したんですが、まだこちらに届いていないんです。すでに送っていただけたでしょうか。

上野　書類でしたら今週の水曜日に送ろうと思っていますが。お急ぎのようでしたら、今日お送りいたしましょうか。

高木　すみませんが、書類は今日までに送っていただくことになっていると思うんですが。

上野　今日までにですか。申し訳ありません。すぐにメールを確認いたします。(確認後)すみません。私が誤解しておりました。今日、月曜日の午前までに送ってほしいとメールに書いてあります。

高木　誤解されていたようですね…。

上野　大変申し訳ございません。私が今からそちらに持って参ります。今から出ますので11時までには届けられると思います。ご迷惑をおかけしてしまい本当に申し訳ございません。

高木　いえ。もっと早く確認の連絡をさしあげればよかったのですが。

上野　お送りするとお話しした以上、きちんとお届けいたします。今後、このような間違いがないようにしてまいります。本当に申し訳ありませんでした。

単語　🎧 mp3

商事 상사 ｜ 件 건, 사항 ｜ 誤解する 오해하다 ｜ ご無沙汰 오랫동안 소식을 전하지 못함 ｜ 繰り返す 되풀이하다, 반복하다
以後 이후 ｜ 許す 용서하다 ｜ 指摘 지적 ｜ 反省 반성 ｜ 態度 태도

ビジネスでの挨拶表現

- **A** いつもお世話になっています。上田商事の高木と申します。

  B こちらこそいつもお世話になっております。林商事の木村です。

- いつもお世話になっております。上田商事の高木でございますが、どのようなご用件でしょうか。

- ご無沙汰しております。お変わりございませんか。

- また次の機会にお会いできることを楽しみにしております。

～と思うんですが(だけど)

- この部分ですが、ちょっと間違っていると思うんですが。

- A案よりB案の方がいいと思うんですが。どうですか。

- もっと努力した方がいいと思うんだけど。

- **A** さっきの言い方はちょっと強すぎたと思うんだけど。

  B そうだった?次からはもっと優しく話すよ。

謝った後の言葉

- このような間違いを繰り返さないよう、以後気を付けます。

- 二度とこのような失敗をしないように注意いたします。

- 今後、十分注意いたします。申し訳ございませんでした。

- 許してくれてありがとう。これからもよろしく。

ロールプレイ

❶ **A** あなたは新入社員です。先輩に仕事について指摘をされました。反省をして謝りましょう。

  B あなたはAさんの先輩です。Aさんの仕事について指摘をしましょう。

  例) 遅刻、勤務態度、締め切りを守らない、書類にミスがある など

❷ **A** あなたは友達のBさんとケンカをしてしまいました。それについてBさんに謝りましょう。

  B 友達のAさんがあなたに謝ってきました。Aさんがきちんと反省していれば許してあげましょう。ケンカの原因の例) 遅刻した、嘘をついた、同じ人を好きになった など

10 説明する(状況・状態)

ポイント
1 -1. 「いA(〜い)、N」っぽい
1 -2. 「V(ます形)」っぽい

30Cm

40Cm

話してみましょう

1 最近、困ったことやトラブルなどはありましたか。

2 今までで一番困ったことはなんですか。

3 忘れ物をしてしまったことがありますか。

チェックポイント

1-1

$$\left.\begin{array}{l}\text{いA}(\sim\text{い}) \\ \text{N}\end{array}\right\}$$ ＋ っぽい

⇅ ～のように感じる、～のように見える

- 高い服だったのに、デザインのせいでちょっと安っぽく見える。

- 彼はいつも黒っぽい服を着ている。

- 彼女は大人なのに考え方がまだ子供っぽいので私とは合わない。

- 冬なのに暖かいので、今日は何だか春っぽい天気だ。

- 全身白っぽい服を着て結婚式に参加するのはタブーだ。

- 朝から熱っぽいので、後で病院に行くつもりだ。

1. ＿＿＿＿＿＿＿＿＿＿＿＿＿＿＿＿＿＿＿＿＿＿のに、安っぽい。

2. ＿＿＿＿＿＿＿＿＿＿＿＿＿＿＿＿＿＿ので、その話は嘘っぽい。

1-2

V(ます形) ＋ っぽい

⇅ よく～する、性格を表す(飽きる、怒る、忘れる)

- うちの子供は飽きっぽくて、何を始めてもすぐにやめてしまう。

- 母は年をとったせいか、最近忘れっぽくなってしまったみたいだ。

- 仕事が忙しいせいで、少し怒りっぽくなった気がする。

1. 彼の性格は＿＿＿＿＿＿＿＿っぽいので、＿＿＿＿＿＿＿＿＿＿＿。

2. 私は少し＿＿＿＿＿＿＿＿＿＿ので、＿＿＿＿＿＿＿＿＿＿＿＿＿。

**会話 A**

🎧 mp3

忘れ物カウンターで説明する

パク 　乗っていた電車にかばんを置いてきてしまったんですが。

係員 　忘れ物ですね。どこの駅で何時頃に電車に乗りましたか。

パク 　こくら駅で10時20分ぐらいに乗りました。はかた駅行きの電車でした。それと、よく覚えていませんが前方の車両に乗っていたような気がします。

係員 　かばんの種類や大きさ、色などの特徴を教えてください。

パク 　かばんはトートバッグで、大きさは大きめのです。詳しくは分かりませんが横は40センチぐらいで縦は30センチぐらいで、色はグレーです。

係員 　座席の上に置いていましたか。それとも、上にある棚に置いていましたか。

パク 　上の棚に置きました。

係員 　終点の駅に連絡をして確認しますので、少々お待ちください。

～ しばらくして ～

係員 　お客さんのかばんだと思われるものが見つかったそうです。

パク 　そうですか。よかったです。ありがとうございます。

係員 　30分ぐらい待てばかばんが届きますので、30分後にまたこちらのカウンターにお越しください。

🎧 mp3

単語

ぜんぽう
前方 전방 ｜ しゃりょう
車両 차량 ｜ しゅるい
種類 종류 ｜ くわ
詳しい 자세하다 ｜ たて
縦 세로 ｜ ざせき
座席 좌석 ｜ しゅうてん
終点 종점 ｜ ふんしつ
紛失 분실

ひったくり 날치기

〜ような気がする

- 今日、宝くじを買ったら当たるような気がする。
- 知り合ったばかりだが、彼はいい人のような気がする。
- この教室は他の教室に比べて寒いような気がする。
- 試験に受かるように頑張ってきたが、今回はだめなような気がする。

◆ よく使う単位

長さ・高さ		重さ		量	
ミリ(メートル)	mm	ミリグラム	mg	ミリリットル	mℓ
センチ(メートル)	cm	グラム	g	リットル	ℓ
メートル	m	キロ(グラム)	kg	キロリットル	kℓ
キロ(メートル)	km	トン	t		

◆ 旅行中のトラブル

忘れ物	タクシーの中にケータイを置き忘れてしまった。
紛失	ケータイを紛失してしまったら何もできなくなってしまうから怖い。
ひったくり	歩いているとき、後ろから近付いてきたバイクにかばんをひったくられた。
すり	海外旅行中、満員電車の中で財布をすられた。
交通事故	レンタカーを借りて運転しているときに、交通事故を起こしてしまった。

ロールプレイ

A あなたはバスの中に○○を置き忘れてしまいました。忘れ物カウンターに行き係員のBさんに忘れたものについて詳しく説明しましょう。(大きさやデザイン、置いていた場所について)

B あなたは忘れ物カウンターの係員です。忘れ物をしたAさんに色々質問して対応しましょう。

病状を説明する

医者　次の方どうぞ。お荷物はそちらに置いてこちらのイスにおかけください。今日はどうなさいましたか。

田中　三日前から何だか喉が痛くて、それからちょっと熱っぽいんです。

医者　そうですか。ちょっと口を開けてください。喉がだいぶはれていますね。

田中　喉が痛くて、つばを飲み込むのも痛いぐらいです。

医者　熱を測りますね。38度8分ですね。食欲はありますか。

田中　はい。でも、お腹が空いても、喉が痛いせいでなかなかご飯が食べられないんです。

医者　これは風邪でしょう。薬を出しておきますので朝昼晩、忘れずに一日三回飲んでください。薬を飲めば喉の痛みが引いて、食事もちゃんとできるようになりますよ。熱も下がるはずです。

田中　はい、ありがとうございます。

医者　もし薬を飲んでもよくならなければ、また病院に来てください。お大事にしてください。

<薬局で>

薬剤師　田中さん。こちらがお薬です。朝、昼、晩、食後にお飲みください。

田中　はい。この薬を飲むと眠くなりますか。

薬剤師　少し眠くなると思いますので、なるべく運転などは控えてください。それとお酒は飲まないでくださいね。お大事に。

🎧 mp3

単語

病状 병세(병의 증상) | 喉 목(구멍) | はれる 붓다 | 0度0分 0.0도(체온 읽는 방법) | 痛みが引く 통증이 가시다
食後 식후 | 下痢 설사 | 消化不良 소화 불량 | 救急車 구급차 | 患者 환자

◆ 病状とケガの単語

鼻水

体がだるい

寒気がする

咳が出る

下痢

頭痛

腹痛

吐き気

めまい

消化不良

骨折

やけど

出血

捻挫

擦り傷

～て～ぐらい

- 咳が止まらなくて、夜に寝られないぐらいだ。
- 腹痛がひどくて、救急車を呼んだぐらいです。
- 頭が痛くて、家事ができないぐらいだったので病院に行った。
- 急にめまいがして、しばらく立てないぐらいだった。

ロールプレイ

❶ **A** あなたは患者です。薬局で薬を買って飲んでいますがなかなか治りません。病院に行って医者に自分の病状を詳しく話しましょう。

B あなたは医者です。患者にどこがどのぐらい悪いのか詳しく聞いてください。

❷ **A** あなたは運動をしている時にケガをしてしまいました。ケガの状態を医者に話しましょう。

B あなたは医者です。患者の話を聞いて自由に質問をしてください。

11 説明する(順序)

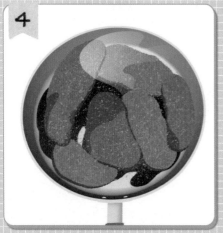

話してみましょう

1 あなたは何かをする時、順番通りに行動するタイプですか。

2 旅行に行く時、行きたいところ、食べたい物などリストアップしてから行きますか。

3 あなたは旅行中、現地の人に道を教えてもらったことがありますか。

チェックポイント

V(基本形)		
いA(基本形)	＋	やら
N		

≒ ～とか

- 今年の日本は地震が起こるやら台風が来るやらで、大変な一年だった。

- 年末は部屋を掃除するやら年賀状を書くやらで、忙しい。

- 今年の新年会は部長に叱られるやら部下に泣かれるやらで、散々だった。

- 海外旅行中、道に迷った。寒いやら怖いやらで、ホテルに着いたときは本当に嬉しかった。

- 妹が結婚することになって嬉しいやら寂しいやら複雑な気持ちだ。

- 最近レポートやらバイトやらがあって、毎日忙しくて大変だ。

- 田中さんの部屋は漫画本やら服やらが床に散らかっていて、本当に汚かった。

1. 今日は＿＿＿＿＿＿＿＿＿やら＿＿＿＿＿＿＿＿＿やら散々だった。

2. 子どもの部屋は、＿＿＿＿＿＿＿やら＿＿＿＿＿＿＿やらで汚い。

3. ＿＿＿＿＿＿＿＿＿＿＿＿＿＿＿＿＿＿＿＿＿＿＿＿。

会話 A

🎧 mp3

料理の作り方

パク　この間、しょうが焼きっていう料理を初めて食べたんですけど、おいしくてびっくりしたんです。

工藤　しょうが焼きはおいしいですよね。日本では定番の家庭料理ですよ。

パク　そうなんですか。一度作ってみたいんですけど、よかったら作り方を教えてもらえませんか。

工藤　いいですよ。 まず 、たれを作ります。しょうゆと酒を大さじ二杯、砂糖を小さじ一杯、それからすりおろしたしょうがを入れて混ぜます。

パク　しょうゆと酒と砂糖とすりおろしたしょうがですね。

工藤　そして、ビニール袋の中に豚肉とそのたれを入れて、10分くらい待ちます。たれが肉によく染みこむように漬けておきます。 その間に 、キャベツを千切りにしておくといいですよ。

パク　キャベツですか？

工藤　キャベツと一緒に食べるともっとおいしいですから。10分経ったら、フライパンに油をひいて焼けばできあがりです。

パク　思ったより簡単に作れるんですね。今日、早速作ってみます。

🎧 mp3

単語

床 바닥, 마루 ｜ 散らかる 어질러지다, 너저분하다 ｜ 定番 정석(유행을 타지 않는 기본적인 것) ｜ たれ 양념장
大さじ -큰술 ｜ すりおろす 갈아서 잘게 하다 ｜ しょうが 생강 ｜ 染みこむ 배어들다 ｜ 千切り 채썰기
油をひく 기름을 두르다 ｜ お湯 뜨거운 물 ｜ 浸す 담그다 ｜ 順番 순번, 차례

まず・その間に・その後・最後に

- まずお湯を沸かしてください。その間にネギを切ります。沸騰したら、麺を入れてゆでます。そして、どんぶりに粉末スープを入れて、お湯で溶かしてください。そこに麺を入れて、最後にネギをのせたらラーメンのできあがりです。

- まずじゃがいもを切って水に浸してください。その間に玉ねぎとこんにゃくと牛肉を切ります。その後、牛肉、じゃがいも、玉ねぎ、こんにゃくの順番に炒めます。最後にだしとしょう油、砂糖、みりん、酒を入れて煮れば肉じゃがの完成です。

◆ 料理の単語

切る	刻む	揚げる	ゆでる	蒸す
炒める	焼く	炒る	煮る	沸かす
沸騰する	和える	溶かす	冷ます	温める
だしをとる	剥く	のせる	漬ける	焼ける

ロールプレイ

A　Bさんの得意な料理の作り方を教えてもらいましょう。

B　Aさんに得意な料理の作り方を説明してください。

🎧 mp3

乗り換えの場所を聞く

キム　あの、ちょっとすみません。京王線(けいおう)に乗り換えたいんですけど。

駅員　京王線に乗る なら 、南口の方に行っ てください 。

キム　南口ですか?ここからどうやって行きますか。

駅員　あそこにロッカーがあるのが分かりますか。

キム　はい。あの自動販売機の横ですよね?

駅員　はい。ロッカーを通り過ぎて少し歩くとコンビニがあります。コンビニを左に 曲がって まっすぐ 行けば南口の改札口が見えます。

キム　コンビニを左ですね。

駅員　そうです。南口の改札口を出てエスカレーターで地下に降りると、案内板に京王線(けいおう)と書いてあるのでそれに従って歩いて行ってください。

キム　南口の改札口を出たら、地下に降りるんですね。そして案内板通りに歩くんですね。

駅員　そうです。この駅は乗り換えが複雑なので、途中で分からなくなったら他の駅員にまた聞いてくださいね。

キム　はい。どうもありがとうございます。

🎧 mp3

単語

ロッカー 보관함 | 通(とお)り過(す)ぎる 지나가다 | 改札口(かいさつぐち) 개찰구 | 案内板(あんないばん) 안내판 | 複雑(ふくざつ)だ 복잡하다 | 途中(とちゅう) 도중
反対側(はんたいがわ) 반대쪽 | 休憩(きゅうけい) 휴게 | ~に沿(そ)って ~을(를) 따라서

～なら

- 図書館に行くなら、反対側のバスに乗ってください。
- 頭が痛いなら、少しあそこで休憩したらどうですか。
- 空港までなら、バスよりモノレールの方がいいですよ。
- **A** すみません。タイ料理のにおいがちょっと苦手なんです。

  B そうですか。苦手なら、今日は韓国料理にしませんか。

◆ 道案内に使う言葉

まっすぐ	この道をまっすぐ行ってください。
曲がる	一つ目の角を右に曲がると、すぐに建物が見えるはずです。
渡る	あそこは横断歩道がないので、歩道橋を渡ってください。
～に沿って	川に沿ってずっと行くとバス停がありますよ。
交差点	交差点を右に曲がると郵便局、左に曲がると銀行があります。
突き当り	トイレは突き当りを右に曲がるとありますよ。
向かい	博物館は美術館の向かいです。
横断歩道	横断歩道を渡るときは左右をきちんと確認してください。
信号	あそこの信号を渡れば交番がありますよ。そこで聞いてみてください。
坂	坂を上がると図書館があります。その先には公園があります。

ロールプレイ

❶ **A** あなたは韓国に遊びに来た日本人です。今○○にいます。これから歩いて△△に行きたいですがよく分かりません。韓国人のBさんに聞いてください。

  B 日本人のAさんに道を聞かれました。△△への行き方を教えてください。

❷ **A** あなたは旅行中の日本人です。地下鉄の路線図を見ながらBさんに○○駅までどうやって行けばいいか質問をしてください。

  B あなたは日本人観光客に○○駅までの行き方を聞かれました。親切に教えてあげましょう。

12 友達言葉

ポイント　「V・いA(普通形)、なA(〜だ)、N(普通形)、〜ました・〜でした」つけ

話してみましょう

1 あなたは友達に会ったらよくどんな話をしますか。

2 最近、友達と話したことは何ですか。

3 今友達に会ったらどんなことを話したいですか。

チェックポイント

V(普通形)
いA(普通形)
なA(〜だ)
N(普通形)
〜ました・〜でした

+ っけ

≒ 相手に確認、独り言を話すときに使う

- 明日の飲み会に鈴木さんも来るっけ？

- この前の週末って暑かったっけ？

- 彼はお酒が好きだっけ？

- 明日の約束って、3時だっけ？

- あれ？トイレットペーパー、買い置きしてなかったっけ？

- A 去年の忘年会はどこでしましたっけ？

  B 確か焼肉屋に集まったはずです。

- A 山口さん、どこ出身でしたっけ？

  B 山口さんなら九州の佐賀出身ですよ。

1. 今日の約束って、_____ ？

2. あ！今日は_____ っけ？

3. _____ 。

会話 A

🎧 mp3

近況報告(女子大学生同士の会話)

あゆ　ごめんね。待ったでしょ?

　　　思ったより道が込んでて。連絡したかったんだけど、ケータイのバッテリーが切れちゃって。

ゆみ　大丈夫。気にしないで。私もさっき着いたところだから。それより、なんか雰囲気変わったよね。何ていうか、明るくなった感じがする。

あゆ　少し髪の色を明るくしたんだけど、それでかな?

　　　最後に会ったのは…確か金野くんの誕生日の時だったよね?半年ぶりだね。ゆみは、最近どうなの?元気にしてた?

ゆみ　うん。元気にしてたよ。最近バイト辞めて、本格的に就活してる。

　　　もう少しで四年生だからね。あゆはどうなの?何か変わったことあった?

あゆ　実はさ、びっくりしないでよ。私…彼氏できたの。

ゆみ　まじで?おめでとう!よかったじゃん。え、相手は誰なの?

あゆ　同じサークルの後輩なんだけど。なんか付き合うことになって。

ゆみ　へえ、そうなんだ。おめでとう。よかったね。ところで、どんな人なの?

あゆ　う〜ん。普通の人だよ。普通の大学生で、普通の顔。

ゆみ　普通が一番じゃん。写真見せてよ〜。

単語　　　🎧 mp3

近況報告(きんきょうほうこく) 근황 보고 | 同士(どうし) -끼리 | バッテリー 배터리 | 雰囲気(ふんいき) 분위기 | 半年(はんとし) 반년 | 本格的(ほんかくてき)に 본격적으로
就活(しゅうかつ) 취업 준비(就職活動의 준말) | 用意(ようい)する 준비하다, 마련하다 | 終(お)わらせる 끝내다 | 実家(じっか) 본가, 친정

～じゃん

- その話、さっきもしてたじゃん。もう酔っぱらったの?
- 大丈夫だよ。次のテストを頑張ればいいじゃん。
- なんで食べないの?この料理好きだったじゃん。
- もう11時半じゃん。そろそろ、帰ろうか。

◆ 文法の縮約形

通常の形 ⇒ 縮約した形			例文
～ている	⇒	～てる、～でる	今、会議してるから、後で電話かけ直すね。
～てください	⇒	～て、～で	悪いけど、お水取って。
～ないでください	⇒	～ないで	その話はもうしないで。聞きたくない。
～てしまう	⇒	～ちゃう、～じゃう	お待たせ。ごめんね。また遅れちゃった。
～ておく	⇒	～とく、～どく	明日着る服を用意しとく。
～なければ	⇒	～なきゃ	今日中にレポートを終わらせなきゃいけない。 あ、旅行の前に両替しとかなきゃ。
～んです	⇒	～の	明日も会社行くの?

～んだ

- A 知ってる?その映画、最近人気らしいよ。　　B へえ、人気なんだ。知らなかった。
- A もうセール、終わっちゃったらしいよ。　　B もう終わっちゃったんだ。残念。
- A 連休の予定決めた?俺は実家に帰るつもりなんだ。

　B そうなんだ。いつから帰るの?

ロールプレイ

① 久しぶりに会った友達に近況報告をしてみましょう。

② 友達言葉を使って週末の予定について話してみましょう。

③ 友達言葉を使って友達に最近見た映画またはドラマについて話してみましょう。

飲み会で(男性会社員同士の会話)

まこと&じゅん　(乾杯しながら)かんぱーい。今週もお疲れー。

じゅん　やっぱ、金曜日に飲む酒が一番うまいな！あー、うまい。

　　　　俺、腹減ってるから、おつまみ、どんどん頼んじゃってもいい？

まこと　もちろん。俺、好き嫌いないから何でも頼んでいいよ。そういえば、お前の部署の上司、かわったんだって？どう？新しい上司は。

じゅん　まだよく分かんないけど、今のところはいい感じ。部下である俺たちの考えを尊重してくれるし。

まこと　へえ、前とは違うね。前の上司の時は大変そうだったもんな。

じゅん　まだ来て1か月だから、判断しにくいけど…。これからどうなることか。ところで、奥さんと子供は元気にしてる？

まこと　二人とも元気だよ。息子が元気すぎて困ってるけど。

じゅん　もうすぐ5歳だっけ？一番元気な時だもんな。毎日大変だろ？

まこと　そうなんだよ。元気すぎてなかなか寝てくれないし、やんちゃで困ってるよ。

じゅん　子供は毎日元気でうらやましいよ。

🎧 mp3

単語

乾杯(かんぱい) 건배 ｜ 俺(おれ) 나 ｜ 好き嫌い(すききらい) 호불호 ｜ 部署(ぶしょ) 부서 ｜ 尊重(そんちょう) 존중 ｜ やんちゃだ 응석받이다, 개구쟁이다
うらやましい 부럽다 ｜ 土砂降り(どしゃぶり) 억수(퍼붓듯이 세차게 내리는 비) ｜ 雷(かみなり) 천둥

◆ 女言葉と男言葉の友達言葉

	女性がよく使う言葉	男性がよく使う言葉
人称	私	僕、俺
単語	お酒、おいしい※、お腹	酒、うまい、腹
語尾	〜よね、〜よ、〜でしょう、〜もんね	〜よな、〜ぜ、〜だろう、〜もんな
命令	〜てね	しろ、やれ

※女性でも「うまい」を使う若者がいるが目上の人の前では控えたほうがいい

〜よ・〜ね

- そのドーナツより、こっちの方がおいしいよ。
- おすすめしてくれた店に行ったけど、あそこのケーキ本当においしいね。
- 今日は午後から雨らしいですよ。傘を持って出かけた方がよさそうですよ。
- 昨日の夜は土砂降りでしたね。雷が怖くて寝られませんでしたよ。

〜んだって(伝聞)

- 今回の集まりには部長の奥さんもいらっしゃるんだって。
- 私たちが旅行に行く日、天気も悪いし、空気も悪いんだって。
- 前聞いたことがあるけど、小林先生は甘い物が苦手なんだって。お土産はお茶にしようか。
- 佐藤さんは来週から休暇なんだって。うらやましいなあ。

ロールプレイ

A あなたは高校の同窓会に参加しました。久しぶりに会った友達と〇〇について話しましょう。

B あなたは同窓会で昔のクラスメートに会いました。みんなで楽しく思い出話や近況報告をしてください。

例) 担任の先生の話、クラスメートが結婚した話、昔一緒に遊んだ話、昔の恋愛の話 など

「おむすびころりん」

　昔々あるところに、働き者で正直者の木こりのおじいさんとおばあさんが住んでいました。ある日、おじいさんはいつものように山に向かい、木を切っていました。おじいさんは昼時になったのでおばあさんが作ってくれたおむすびを食べようと切り株に腰をかけました。しかし、おじいさんがおむすびを食べようとしたその時、おむすびが一つコロンと落ちてしまいました。そして転がったおむすびは木の下の穴に入ってしまったのです。

　すると、穴の中から可愛いらしい歌声が聞こえてきました。「おむすびコロリン コロコロリン コロリン 転がり穴の中～」おじいさんは不思議に思い、もう一つおむすびを穴の中に転がしてみました。すると、また可愛いらしい歌声が聞こえてきました。おじいさんは楽しくなって踊っていると、踊りに夢中になったおじいさんまで穴の中に転がり落ちてしまいました。

　落ちた穴はなんとネズミの屋敷でした。おじいさんはネズミたちに歓迎され、ネズミたちは歌や踊りをおじいさんに披露しました。おじいさんは舞台を見ながら、おいしいきなこ餅をたくさんご馳走になりました。おじいさんは「おいしくてほっぺが落ちそうだ」と言いながらお腹いっぱいお餅を食べました。そしておじいさんが家に帰る時、ネズミたちはお土産を持たせてくれました。

　おじいさんが家に帰り、今日の出来事をおばあさんに全て話しました。そして、二人で風呂敷に包まれたお土産を開けてみると中には小判がたくさん入っていました。

　その話を聞いていた怠け者で欲張りなおじいさんとおばあさんはうらやましくてたまりません。自分たちも真似をしてその日の夜、怠け者のおじいさんとおばあさんは寝ずに、おむすびを作りました。次の日、怠け者のおじいさんは山にたくさんのおむすびを抱えて出かけました。

　怠け者のおじいさんは穴におむすびを落としてみました。すると、可愛いらしい歌声が聞こえてきました。「おむすびコロリン　コロコロリン　コロリン　転がり穴の中〜」おじいさんはおむすびを全て落とし、自分も穴の中に入りました。

　怠け者のおじいさんはネズミの屋敷に着きました。そして、ネズミたちはおじいさんに踊りを披露しました。さっさと帰りたいおじいさんは踊りの途中、猫の鳴き真似をしました。それを聞いたネズミたちが驚いて慌てている隙に、おじいさんは小判を盗もうとしました。

　しかし作戦は失敗し、おじいさんはネズミたちに痛い目に遭わされ、やっとのことで家に逃げ帰りました。

　それから怠け者のおじいさんとおばあさんは欲張りなことをしなくなったそうです。

🎧 mp3

単語

働き者 부지런한 사람 | 正直者 정직한 사람 | 木こり 나무꾼 | 昼時 점심때 | 切り株 그루터기 | コロン 데구루루
転がる 구르다 | 歌声 노랫소리 | 転がす 굴리다 | 屋敷 저택 | 披露する 선보이다, 뽐내다
ご馳走になる (음식 등을) 대접받다 | 出来事 사건, 일 | 風呂敷 보자기 | 包む 감싸다 | 小判 작은 금화
欲張りだ 욕심쟁이다 | 抱える 껴안다 | 真似 흉내 | 慌てる 당황하다 | 隙 틈 | 作戦 작전
痛い目に遭う 크게 당하다, 따끔한 맛을 보다

問題 1 正しいものには○、正しくないものには×を書きましょう。

1. 働き者のおじいさんはおむすびを食べるために切り株に座った。
2. 働き者のおじいさんはネズミにおむすびをあげようと一つ転がした。
3. もらったお土産の中にはきなこ餅が入っていた。
4. 怠け者のおじいさんがネズミの屋敷にいる時、猫が入って来た。

問題 2 次の質問に答えましょう。

1. 働き者のおじいさんはどうして穴の中に落ちましたか。
2. どうしてネズミたちは慌てましたか。
3. どうして怠け者のおじいさんは痛い目に遭わされましたか。

フリートーキング

❶ この昔話は子供たちにどんなことを教えていますか。
❷ 韓国の昔話を一つ紹介してください。
❸ あなたが子供のために本を作るならどんな本を作りますか。
❹ 次の絵を見てストーリーを作り話してみましょう。

チェックポイント

◆ 接続詞

意味	接続詞
前のことが原因・理由で、 後ろのことが結果・結論になる	だから、それで、そのため、したがって、すると、それなら、それでは
逆説の結果	しかし、が、けれど、けれども、ところが、それなのに、でも、それでも
並列 <small>へいれつ</small>	また、および、かつ
添加 <small>てんか</small>	そして、それに、それから、おまけに、そのうえ、それどころか
対比 <small>たいひ</small>	反対に、一方、逆に
選択 <small>せんたく</small>	または、それとも、もしくは、あるいは
説明	なぜなら、だって
補足を話す	なお、ちなみに

V(ない形) ➕ ずに

⸱⸱⸱

≒ **ないで** ※3グループは **する** ⇒ **せずに**、**来る** ⇒ **来ずに**

- 今日は疲れているので料理は作ら**ずに**、外食でもしよう。

- 彼は何も言わ**ずに**、帰ってしまった。

- 質問があれば遠慮せ**ずに**聞いてください。

- パスポートは忘れ**ずに**必ず持ってきてください。

- 何も食べ**ずに**出勤したから、力が出ない。

- 苦労をせ**ずに**、仕事で成功することはない。

1. 疲れているので、＿＿＿＿＿＿＿＿ずに、＿＿＿＿＿＿＿＿。

2. ＿＿＿＿＿＿＿＿ずに、＿＿＿＿＿＿＿＿をしてしまった。

日本の不思議

「日本」と言われて思い浮かぶことと言えば、みなさんはどんなことがありますか。もちろん人によって違うと思いますが、一般的には「日本人は本音と建て前を使い分ける」「個人主義」「よく謝る」などが思い浮かぶと思います。

今日は私がこれまで日本旅行や日本生活を通して体験したことや感じたことなどを紹介したいと思いますが、その中でも特に不思議に感じたことについて書いていこうと思います。

これは私が初めて日本に行った時の話です。日本の空港に着いてすぐ空港内のトイレを利用しましたが、そこで驚いたのは便座が暖かいことです。公共施設やコンビニでもそうでしたが、日本のトイレはとてもクオリティが高かったです。色々な機能がトイレについていて、その一つとして、温水が出てきたりする機能も。それを一般的にウォシュレットと言い、家庭でもよく使われているそうです。けれど、どうしてそんなものが必要なのか…。

その他にもそば屋さんに行った時、麺をズルズルと音を立てて食べているのを見て「音を立てて食べるなんて…」と思ったことがあります。どうしてそばなどの麺料理を食べる時は音を立てて食べるのか…。

私が不思議に思ったことはまだあります。初めて東京の原宿に行った時です。原宿は日本の流行の最先端の街だと言われているので、やはり色々な目新しいものがありました。そこで目にしたのは行列になっているアイスクリーム屋さんでした。蒸し暑い夏の日だったのに、たくさんの人が並んでいたのです。その光景を見てとても驚きました。「こんな暑い日にどうしてそんなに並ぶの？」と。その後もあちこちで行列を見かけることがありましたが、日本人はどうしてそんなに行列に並ぶことが好きなのか…。

そして日本でアルバイトをしていた時、アルバイト先の店長が結婚しました。結婚式

はしないとのことだったので、バイト仲間とお金を集めて結婚祝いのプレゼントをあげました。店長はとても喜んでくれました。その数日後、店長からプレゼントをもらいました。とてもきれいにラッピングされたプレゼントだったので「私、まだ誕生日じゃないですよ」と言うと店長は笑って言いました。「この前のお返しだよ。日本ではプレゼントをもらったら、お返しをするんだよ」と。

　その時はよく分からず、バイト仲間に聞いてみましたが日本ではプレゼントをもらったらお返しをする文化だそうです。冠婚葬祭で何かプレゼントやお金をもらった場合は必ずお返しをし、それ以外のプレゼントにもお返しをすることがあるそうです。どうしてもらった物にわざわざお返しをするのか。あげる人は何かをもらうことを期待しながらあげるはずはないのに…。日本らしい文化だと思いました。

　私は今、日本で生活を続けています。日本で生活しながら「韓国と似ている文化があるなあ」と思う反面、全く違う文化だなと感じるものもあります。はじめは不思議で理解できないことも多かったですが、今は理解できないと思うより「不思議だなあ。でもどうしてそんな文化や習慣があるのかな?」と考えるようになりました。そしてその理由を日本人の友達に聞いたり自分で調べたりするときちんと理由や由来がありおもしろいと感じるようになりました。異文化はその違いを知り、その違いを否定するのではなく楽しむものなのだと今は思っています。

単語 🎧mp3

不思議 불가사의, 이상함 ｜ 思い浮かぶ 생각나다, 떠오르다 ｜ 本音 본심, 속내 ｜ 建て前 표면상의 원칙, 겉치레
個人主義 개인주의 ｜ 便座 변좌(변기의 앉는 자리) ｜ 公共施設 공공시설 ｜ クオリティ 퀄리티 ｜ 家庭 가정
ズルズル 후루룩 ｜ 音を立てる 소리를 내다 ｜ 最先端 최첨단 ｜ 目新しい 새롭다, 진기하다 ｜ 行列 행렬, 줄을 섬
ラッピング 포장 ｜ 冠婚葬祭 관혼상제 ｜ 異文化 이문화, 다른 문화 ｜ 由来 유래 ｜ 否定する 부정하다
稼ぐ (돈, 시간 등을) 벌다

問題1　正しいものには○、正しくないものには×を書きましょう。

1. 筆者は日本旅行での体験談を文章として書いた。

2. ウォシュレットというハイクオリティな技術は一般家庭でも見ることができる。

3. 原宿という場所に行くと最近の日本の文化を見ることができる。

4. 筆者はバイト先の店長の結婚式に参加した。

5. 日本には結婚式や葬式、誕生日にも必ずお返しをする文化がある。

問題2　本文を読んで質問に答えましょう。

1. 日本と聞いてイメージすることには、どんなことがあると言っていますか。

2. 筆者は日本でのどんな体験について紹介をしていますか。

3. 日本のお返し文化はどんなものだと話していますか。

4. 異文化はどうやって楽しむことがいいと話していますか。

フリートーキング

❶ あなたは日本人に対してどんなイメージを持っていますか。

❷ どうして日本ではウォシュレットをよく使うのか、どうしてそばを食べる時音を
立てるのか、どうして行列が好きなのか、どうしてお返しをするのかについて
理由を考えてみましょう。

❸ 日本文化の中で不思議に思ったことについて話しましょう。

❹ 韓国に来た外国人が不思議に思う韓国の文化や習慣について話しましょう。

❺ あなたが知っている異文化について紹介してください。

チェックポイント

1 N を通して

≒ ～を仲立ちや手段にして

- 彼女とは共通の友人を通して知り合いになった。
- テレビの画面を通して、世界各地のニュースを瞬時に伝えられるようになった。
- メッセンジャーを通して、外国に住んでいる友達と連絡を取りあうことができる。
- 子供は学校で友達と一緒に遊んだり、勉強したりすることを通して、社会生活のルールを学んでいく。
- 海外旅行を通して、外国の文化に興味を持つようになった。
- アルバイトの経験を通して、お金を稼ぐことの大変さを学んだ。

1. ケータイを通して、＿＿＿＿＿＿＿＿＿＿＿＿＿＿＿＿＿＿＿。

2. 私は＿＿＿＿＿＿＿＿を通して、＿＿＿＿＿＿＿＿＿＿＿＿＿。

2 いA(普通形) なA(普通形) ＋ なあ

≒ 自分の気持ちを強調したり、独り言に使う

- 一度でいいから世界一周に行ってみたいなあ。
- 私もあんな大きい会社で働きたいなあ。
- ケータイを家に忘れて来た。どうしよう。困ったなあ。
- 料理するのが面倒くさいなあ。今日は出前を取りたいなあ。
- あの女優、いつ見ても本当にきれいだなあ。
- 昨日合コンで会った林さん、素敵だったなあ。

Memo

すくすく
日本語 会話 3

読解

解答

「おむすびころりん」

問題1

1. 〇 (昼時になったので、おむすびを食べようと座りました。)
2. × (はじめは食べようと思ったものが落ちてしまいました。もう一つは不思議に思い、転がしました。)
3. × (小判がたくさん入っていました。)
4. × (怠け者のおじいさんが猫の鳴き真似をしました。)

問題2

1. 楽しくて踊りに夢中になりすぎたため。
2. 猫がいると思ったから。
3. ネズミたちを驚かし、慌てさせたため。

「日本の不思議」

問題1

1. × (日本旅行や日本生活の体験談を書きました。)
2. 〇 (家庭でもよく使われているそうです。)
3. 〇 (原宿は日本の流行の最先端の街です。)
4. × (結婚式をしていません。)
5. × (冠婚葬祭では必ずお返しをしますが、それ以外はすることも、しないこともあります。)

問題2

1. 本音と建て前を使い分ける、個人主義、よく謝るなど。
2. 特に不思議に感じたことについて書きました。
3. 日本ではプレゼントをもらったらお返しをするものです。
4. 違いを知り、違いを否定するのではなく楽しむことがいい。

Memo

Memo